## ŒUVRES DE DOMINIQUE ROLIN

*Aux Éditions Gallimard*

L'ÉPOUVANTAIL, *comédie dramatique, 1957.*

TRENTE ANS D'AMOUR FOU, *roman, 1988.*

VINGT CHAMBRES D'HÔTEL, *1990.*

LES MARAIS, *roman, 1991. (Denoël, 1942.)*

DEUX FEMMES UN SOIR, *roman, 1992.*

LE JARDIN D'AGRÉMENT, *roman, 1994.*

L'ACCOUDOIR, *roman, 1996.*

LA RÉNOVATION, *roman, 1998.*

JOURNAL AMOUREUX, *roman, 2000.*

LE FUTUR IMMÉDIAT, *roman, 2001.*

*Chez d'autres éditeurs*

ANNE LA BIEN-AIMÉE, *Denoël, 1944.*

LES DEUX SŒURS, *Denoël, 1946.*

MOI QUI NE SUIS QU'AMOUR, *Denoël, 1948.*

L'OMBRE SUIT LE CORPS, *Seuil, 1950.*

LES ENFANTS PERDUS, *nouvelles, Denoël, 1952.*

LE SOUFFLE, *Seuil, 1952.*

LE GARDIEN, *Denoël, 1955.*

ARTÉMIS, *Denoël, 1958.*

LE LIT, *Denoël, 1960.*

LE FOR INTÉRIEUR, *Denoël, 1963.*

LA MAISON LA FORÊT, *Denoël, 1965.*

MAINTENANT, *Denoël, 1967.*

LE CORPS, *Denoël, 1969.*

LES ÉCLAIRS, *Denoël, 1971.*

LETTRE AU VIEIL HOMME, *Denoël, 1973.*

DEUX, *Denoël, 1975.*

DULLE GRIET, *Denoël, 1977.*

*Suite de la bibliographie en fin de volume*

*L'Infini*

Collection dirigée
par Philippe Sollers

DOMINIQUE ROLIN

# PLAISIRS

Entretiens
avec Patricia Boyer de Latour

nrf

GALLIMARD

*Il a été tiré de l'édition originale de cet ouvrage vingt exemplaires sur vélin pur fil des papeteries Malmenayde numérotés de* 1 *à* 20.

## AVERTISSEMENT

Le hasard existe-t-il ? Pas sûr. La chance, si. Encore faut-il être en éveil quand elle passe et revient, puisqu'elle a quelquefois la grâce d'insister. J'avais lu *Trente ans d'amour fou*, *Le jardin d'agrément* et *L'accoudoir* quand j'ai rencontré Dominique Rolin pour la première fois au milieu des années quatre-vingt-dix. Ce fut d'abord une voix au téléphone, jaillissante et gaie ; puis une présence immédiatement inoubliable... Un soir de septembre 1998, nous nous sommes revues. Il faisait doux, Tiepolo avait imaginé le ciel, des anges veillaient. Un an se passe encore, avec, de temps en temps, un coup de fil ou un petit mot, comme un signe.

Depuis octobre 1999, nous nous sommes vues régulièrement. Le rituel a été immuable. J'arrive à l'heure, je branche le magnétophone, et c'est parti. À ma demande, c'est elle qui a fixé les thèmes de nos rencontres : le doute, la question du double, les visages, l'amour... D'autres se sont présentés au fur et à mesure : la gourmandise, les chansons, des apparences... Elle m'avait dit au début : « On va faire un livre vrai », et, plus tard : « C'est une promenade dans un jardin. » Nous avons échappé au jeu des réponses prévisibles aux questions convenues, nous avons pris tous les détours, laissé entrer le silence et les rires. Qui parle de travail ? Personne. Plaisirs, donc. Effervescence radieuse, légèreté. Pas de leçon de vie, un art de la conversation. Pas de théorie, l'expérience à travers les sensations, les impressions. Aucune certitude, un chemin de vérité. Beaucoup de vaillance aussi, sans que ce soit dit. Et ce goût de la liberté qui emporte tout.

*Patricia Boyer de Latour*

## *Je doute de moi-même*

PATRICIA BOYER DE LATOUR : Quand je vous ai demandé quels sujets vous souhaitiez aborder avec moi, vous m'avez d'abord parlé spontanément du doute. Un doute primordial, toujours escorté de l'inquiétude et de la peur, et qui ne vous quitte pas.

DOMINIQUE ROLIN : Le doute est, pour moi, à la base de tout. J'ai toujours douté de moi, et sur tous les plans. Mon père m'a dit un jour, quand j'étais toute petite : « Toi, tu n'es pas ma fille ! Ton frère et ta sœur sont mes enfants, mais toi tu es horrible, ta lèvre pend, tu louches, tu as l'air d'un singe... » Il ne s'est certainement pas rendu compte de ce qu'il me disait, il avait un côté espiègle, un peu comme un enfant de plus qui s'amusait avec tout ce qui lui tombait dans la tête. J'ai l'air d'en faire un être méchant, en réalité, pas du tout ! Il était intelligent, fin, très artiste... C'était un bon dessinateur et le directeur de la bibliothèque du ministère de la Justice, à Bruxelles. Mais ça m'a traumatisée toute ma jeunesse ; j'étais paralysée avec les garçons. Il m'a confié beaucoup plus tard, quand nous sommes devenus les meilleurs amis du monde : « Lorsque je t'ai vue la première fois, j'ai eu l'impression que ta présence signait mon arrêt de mort. » Il m'a haïe en tant que fille aînée, sans doute à cause de sa mésentente avec ma mère, et il me refusait. Ma mère m'a d'ailleurs raconté une scène qui s'est produite plusieurs fois, alors que j'étais bébé : mon père grognait comme un chien au-dessus de mon berceau, ce qui me faisait hurler de terreur. Elle l'implorait de cesser, mais il continuait.

J'ai commencé à loucher vers deux ans. Je me souviens très bien avoir croisé dans la rue une femme qui, voyant ma loucherie — un fort strabisme convergent —, s'était écriée : « Quelle horreur, cette petite ! » Cela ne m'a pas empêchée d'être une fillette très gaie, très décontractée. Il y avait une sorte de violence en moi, et au fond une fantastique confiance qui contrebalançait le refus des autres. Rien ne m'atteignait. Nous riions beaucoup à la maison quand j'étais enfant, nous formions — mon frère Denys, ma sœur Françoise et moi — un petit noyau très solide. Le doute était à la base, mais avec un caractère bien décidé à vaincre ! (*Rires.*)

On m'a opérée à l'âge de quinze ans. Mes camarades de classe m'humiliaient. J'étais toujours un peu à l'écart. Un jour ma mère, qui était professeur de diction et donnait des cours de théâtre, m'avait attribué le rôle de la jeune première. Elles se sont précipitées sur moi pour me forcer à refuser en me disant : « Tu vas tout gâcher ! » Cela m'enfonçait dans mon horreur de moi-même. L'une d'elles, je me souviens encore de son nom, m'avait même dit : « Toi qui ne connaîtras jamais le bonheur d'être belle. » C'était douloureux...

P.B.L. : Et pourtant, un peu plus tard, que de témoignages sur votre beauté ! Dans *Le bonheur en projet*, paru aux éditions Labor en 1993, certains jeunes gens des années trente avouent être allés à l'Université libre de

Bruxelles où vous avez travaillé comme bibliothécaire, pour vous voir... Toutes ces photos où vous êtes magnifique, le regard des hommes qui vous ont aimée, cela ne vous a pas rassurée ?

D.R. : Je ne me suis jamais aimée... Cela m'étonne toujours, qu'on m'aime. Et qu'on m'ait trouvée belle, cela me stupéfie encore aujourd'hui ! L'autre jour, j'entre dans un café où je vais assez souvent, tout près de chez Gallimard. Je vois entrer un journaliste que je connais, nous parlons un peu, je lui dis que je publie bientôt un livre... À la table voisine, il y avait une jeune femme blonde avec un jeune homme très brun. J'ai d'abord cru que c'étaient deux amoureux. Or, il s'agissait d'une mère et de son fils. On aurait dit sa sœur, tellement elle paraissait jeune. Le jeune homme me dit : « J'ai entendu que vous écriviez, madame. » Je lui réponds : « Oui, j'écris depuis très longtemps. » Et nous commençons une conversation où il me raconte qu'il vit en Italie avec son père, qui est italien ; que lui aussi, il écrit. La mère se tourne alors vers moi et me dit : « Quand vous êtes entrée, mon fils m'a dit : "Regarde comme cette femme est belle..." » Chaque fois qu'on me fait un compliment, c'est une surprise pour moi qui remonte des profondeurs de ma petite enfance.

Maman ne supportait pas qu'on me fasse des compliments ouvertement ; elle en avait peur. Ce qu'elle redoutait est arrivé... Je me suis mariée en trois mois avec le premier venu qui s'est intéressé à moi et dont j'étais enceinte. Ma mère avait vécu une jeunesse extrêmement stricte. Son père, l'écrivain Léon Cladel, était mort à cinquante-cinq ans en laissant sa femme et cinq enfants sans moyens financiers. J'ai toujours vécu dans un milieu artiste et bourgeois sans argent, mais cela n'a jamais eu d'influx négatif sur moi. Dès que j'en ai eu un peu moi-même, j'ai adoré le dépenser ! (*Rires.*) Et pourtant, j'ai eu peur de la pauvreté. Pas lorsque j'étais enfant bien sûr, mais plus tard, adulte... Cela m'a beaucoup angoissée.

Dans mon enfance, si j'ai dû lutter, c'était contre la pression maternelle, magnifique et terrible, très ambivalente. Je n'ai jamais rien regretté de ce qui m'était arrivé de périlleux, mais, tout de même, j'aurais pu sombrer plusieurs fois. Quand mon père, d'origine protestante mais athée, a voulu demander le divorce, parce qu'il était tombé amoureux d'une jeune fille très catholique, l'enfer familial a commencé. J'avais quatorze ans, et nous, les enfants, nous étions devenus un enjeu, c'était affreux. Il menaçait de nous « brûler la cervelle » si nous ne l'aidions pas dans ses projets. Je me souviens qu'il a fait disparaître sans raison un chapeau tout neuf que j'aimais beaucoup... J'avais alors vingt-quatre ans, j'étais mariée et je ne lui adressais plus la parole depuis dix ans. Plus aucun mot entre nous... Nous nous sommes réconciliés beaucoup plus tard. Il était en dépression nerveuse et je lui téléphonais une fois par semaine. Je lui avais suggéré aussi de m'écrire une fois par semaine. Je lui répondais à la même cadence, et ce jusqu'en 1965, date de la mort de ma mère, à laquelle j'écrivais aussi une lettre par semaine. À partir de cette date, je lui ai écrit deux fois par semaine jusqu'à sa mort en 1975, et j'ai appris à le comprendre.

Mais ce désastre de mon adolescence et mon premier mariage raté m'ont éveillée à l'écriture. J'avais le sentiment que je devais aller au bout de mes intuitions bonnes et mauvaises, dans la vie et par la force du langage, au risque de me perdre.

P.B.L. : Et de cela, vous ne doutiez pas ?

D.R. : Le doute était fondamental. Il venait avant tout, il m'a constituée d'abord. Mais, au fond, il a été la grande force de ma vie et une amorce extraordinairement intéressante de mon propre moi. Finalement, c'est une qualité fantastique de douter de soi. Cela m'a donné cette espèce d'intransigeance, qui peut d'ailleurs passer pour de la méchanceté ou qui l'est franchement... En tout cas, c'est une façon de se construire soi-même et de se défendre, qui ne peut naître que poussée par la peur.

À la fin de la guerre de 14-18, nous occupions la maison de mon grand-père paternel, un magistrat réputé. Mes grands-parents avaient une domestique qui les avait trahis en racontant aux Allemands qu'ils avaient enfoui dans leur jardin tout ce qui avait de la valeur. Les Allemands ont fouillé en creusant un trou très profond et ils ont tout trouvé, évidemment. Alors, un des Allemands m'a dit : « Je te mets dedans ? » et j'ai été prise de terreur. Mais j'aurais pu traverser des épreuves autrement plus graves, sans me laisser faire. Rien ne m'atteignait en réalité dans un certain coin de moi-même ; je suis résistante. Il y a un côté de moi qui accepte de vivre des expériences même dures, et un autre côté qui sait ne pas devoir persister dans cette direction. Je suis sauvée par moi-même ! (*Rires.*) Je crois que c'est vrai... Je n'ai jamais dit ça à personne ! J'élargissais mon cercle d'expérimentations en famille ou ailleurs en posant un regard perçant sur autrui. Et comme j'avais déjà envie d'écrire...

À dix-sept ans, j'ai fait des études à l'abbaye de la Cambre, l'Institut supérieur des Arts décoratifs de Bruxelles, en suivant le cours d'illustration du livre. Et là, j'ai été mêlée à une jeunesse qui aimait l'art. C'est d'ailleurs par l'intermédiaire d'un de mes copains, un jeune peintre qui s'appelait André Allard-L'Ollivier, que j'ai rencontré par hasard Hubert Mottart, mon futur mari, dans un café où je me trouvais avec ma mère et mes frères et sœur. André organisait une petite soirée entre amis, il m'a invitée à venir. C'est là qu'Hubert m'a mis le grappin dessus. J'étais d'une naïveté de petite fille et je me disais que toute expérience était bonne à prendre. J'avais déjà publié une nouvelle dans la revue *Cassandre*, et Hubert, avec son côté étrange, vampirique et sombre, m'attirait. Il était voué à l'échec, pas au mal, mais à la perte. Sensible et intelligent, mais gâché au départ. Je n'ai naturellement pas été consciente de cela sur le moment, parce qu'il avait en lui une sorte de candeur. Edgar Poe était son génie, il s'identifiait à lui. Mais il avait commencé à boire vers quatorze ou quinze ans et il était complètement alcoolique. On ne sauve jamais personne... Ses parents, originaires de la région de Liège, venaient d'un milieu très modeste, son père était ouvrier. Ils m'aimaient beaucoup tous les deux, et moi aussi je les aimais.

Si je suis allée vers Hubert, ce n'est pas un hasard. Était-ce une sorte de tentation malsaine de ma part ? Je crois plutôt à un devoir d'obéissance à l'égard de ce qu'on veut profondément en soi. Mon départ, dix ans plus tard, a été une catastrophe pour lui, il adorait notre fille, mais notre vie était devenue un enfer. Il disait que j'étais « la société » et que, comme telle, je devais l'entretenir, parce qu'il était un grand poète. Il ne faisait rien, n'avait pas de respect pour mon travail, trouvait que mes romans n'étaient que des histoires de coucheries ! (*Rires.*) Il était simplement fou, avec une sorte d'honnêteté dans sa folie. Pas pervers du tout, mais sans aucune volonté. Plein de désir de tendresse et de paix, mais méconnaissant les chemins qu'il faut suivre pour être sauvé.

P.B.L. : Et vous, avez-vous eu le sentiment d'avoir su reconnaître ces chemins ?

D.R. : J'ai toujours refusé de me fier aux circonstances. J'ai traversé les événements personnels qui me sont arrivés pendant la Seconde Guerre mondiale dans l'inconscience la plus complète. Je me souviens être partie à bicyclette sur les routes de France avec Hubert, qui avait une peur folle à l'idée que les Allemands allaient envahir la Belgique. Ma mère gardait ma fille Christine que je lui avais déjà confiée. Nous avons parcouru le sud de la Belgique, puis le nord de la France. Il y avait des bombardements partout, et j'ai dit alors à mon fou de mari avec qui je m'étais enfuie sans argent et sans bagages : « Je voudrais voir le Mont-Saint-Michel ! » (*Rires.*) Je gardais une sorte d'innocence... Nous sommes arrivés à Nantes comme ça, toujours à bicyclette. Il y avait des milliers de fuyards comme nous sur les routes. À un moment, je l'ai perdu, et je me disais : « Ah ! mon Dieu, si on pouvait se perdre... » Mais un dieu veillait sur lui, on s'est retrouvés ! Je ne pouvais plus le supporter. Il m'injuriait tout le temps, c'était insupportable.

Et pourtant, j'ai continué à écrire. Je ne savais pas ce qu'était devenu mon manuscrit des *Marais*, envoyé chez Gallimard en 1939, dans la tourmente de la guerre. Et puis, il y a eu le miracle de ce premier livre publié le 6 juin 1942. Un lecteur en avait parlé à Robert Denoël, qui a tout de suite voulu l'éditer. Tout le monde, à commencer par Max Jacob, qui m'appelait « cher maître », Gaston Gallimard, Jean Paulhan et Jean Cocteau, croyait qu'il avait été écrit par un homme, à cause de mon prénom.

P.B.L. : Voici ce que répond Jean Cocteau au début de juin 1942 à l'envoi des *Marais* par Robert Denoël : « Je n'aime pas les lettres (je n'aime ni la peinture, ni la musique, ni le reste), j'essaye d'attendre un accident et, s'il arrive, je tombe amoureux de lui. (S'il m'arrive à moi je ne respire plus.) Ce livre est une grande merveille, une joie profonde. Dites-le à Rolin. Du reste, il le sait, car les racines qu'il enfonce dans la nuit du corps humain, la nuit du sommeil et toutes les nuits inconnues n'empêchent pas l'intelligence parfaite d'éclater dans le moindre mécanisme de sa fleur. »

D.R. : Ça a été la grande cassure heureuse de ma vie ! J'ai eu des débuts brillants et une reconnaissance immédiate par les plus grands de l'époque. Robert Denoël est ensuite tombé amoureux de moi. Je l'ai aimé, il m'a aimée. C'était ma première vraie histoire d'amour, elle a été décisive pour moi. Je sentais que la vie pouvait s'ouvrir, je sortais de mon labyrinthe. On l'a accusé d'être un collaborateur, il ne l'était pas. Mais il voulait continuer son travail d'éditeur et, pour cela, il avait besoin de papier. Il a donc été obligé de pactiser avec certains services pour en obtenir, mais il n'était pas progermanique. Il croyait à la victoire des Allemands... En même temps, il a sauvé Louis Aragon et Elsa Triolet qui étaient poursuivis par la Gestapo, il les a cachés. C'était aussi un grand ami de Robert Desnos et de Max Jacob.

En ce qui me concerne, je n'ai jamais été militante... On me l'a reproché d'ailleurs. J'ai même été convoquée à Bruxelles après la guerre, parce que certains de mes premiers textes avaient été publiés dans les pages littéraires d'une revue qui s'est révélée collaborationniste. Mais je ne m'occupais déjà que d'écriture, je voulais qu'on me lise... La personne qui m'a interrogée l'a très bien compris et il n'y avait rien à me reprocher. Qui plus est, j'appartenais à une famille antinazie, mon frère était un héros de l'aviation, il avait été fait prisonnier et s'était enfui six fois des geôles allemandes. La dernière fois, il avait été récupéré avec un camarade sur l'île de Rügen par un bateau suédois. De Stockholm, il a été expédié à Londres où il s'est enrôlé dans la Royal Air Force. J'avais participé à l'accueil en Belgique des Juifs fuyant l'Allemagne à partir de 1933, dans le cadre d'une mission qu'on n'appelait pas encore humanitaire mais sociale. Et puis, je devais me battre pour tenter d'exister moi-même pendant la guerre, sans me rendre compte que je pouvais être inquiétée, puisque ma grand-mère maternelle était juive, ce que ma mère ne m'avait jamais révélé. Ma tante Judith Cladel avait même dû se justifier de n'être pas juive. Mais, plus tard, la littérature engagée ne me disait rien non plus. De toute façon, je ne supporte pas les embrigadements que supposent les combats collectifs pour une cause. Ce qui est vrai, c'est que les gens que j'ai connus pendant l'Occupation vivaient en déséquilibre. Certains étaient obligés de fréquenter des gens pas très clairs politiquement, mais je n'ai jamais entendu un mot prononcé par Cocteau ou Denoël, qui aurait été proallemand.

Robert Denoël est mort assassiné le 2 décembre 1945, je l'ai su à Bruxelles en lisant le journal. Ça a été un choc. Je suis tout de suite partie pour Paris afin d'assister aux funérailles. Il m'avait déjà quittée pour une femme très belle, richissime, légère et mondaine, avec qui il vivait tout en étant toujours marié par ailleurs. Quand il m'avait fait comprendre qu'il me quittait, tout en me disant qu'il croyait en moi et n'abandonnerait jamais l'écrivain que je devenais, je l'avais trompé immédiatement avec un type délicieux qui travaillait avec lui aux éditions Denoël, parce que je voulais lui montrer que j'étais plus forte que le destin. Je le lui avais donc annoncé dès le lendemain, et il avait quand même été un peu... déconcerté.

À la Libération, on lui avait conseillé de se cacher, et il était en quelque sorte prisonnier de cette femme chez qui il habitait clandestinement. Un jour, il en a eu assez et il a voulu sortir pour aller écouter une chanteuse très célèbre à l'époque, Agnès Capri. La voiture tombe en panne sur l'esplanade du Champ-de-Mars. Elle se rend alors au commissariat afin d'obtenir un laissez-passer pour avoir un taxi. Quand elle arrive, elle trouve le commissaire au téléphone, à qui l'on annonçait qu'on venait de découvrir un homme assassiné. On n'a jamais su ce qui s'était passé exactement...

Plus tard, elle m'avait fait dire qu'elle souhaitait me rencontrer. Elle habitait rue de l'Assomption, dans un splendide appartement. Je l'ai trouvée dans son lit... Quand elle m'a vue, elle s'est mise à pleurer en me disant : « Je vous redoutais. » Je ne lui ai posé aucune question et je suis partie. Cette scène est restée dans ma mémoire.

Puis j'ai rencontré le sculpteur Bernard Milleret après la guerre et, quand j'ai obtenu le prix Femina pour *Le souffle*, en 1952, nous n'avons pas hésité à acheter une maison à Villiers-sur-Morin, en Seine-et-Marne, ravissante et ridicule, avec un parc, et beaucoup trop grande pour nous. C'était de la folie ! Mais nous étions inconscients et heureux sans aucun doute, même si nous vivions dans une grande pauvreté. Mes livres ne se sont jamais beaucoup vendus, à part *Le lit* (le récit de la maladie de Bernard jusqu'à sa mort, le 12 mars 1957), un livre de douleur, mais les gens aiment ça.

P.B.L. : Depuis, il y a eu le succès du *Journal amoureux.*

D.R. : Je me souviens que Bernard avait été chargé par Georges Charensol, le directeur des *Nouvelles littéraires,* de faire les portraits des grands couturiers de l'époque. C'était quelques années après et plusieurs de mes livres étaient déjà parus. Il me présente à Pierre Balmain qui m'a dit : « *Les marais,* c'est vous ? Pourquoi est-ce que vous n'êtes pas morte après ? » Il me l'a dit avec beaucoup de gentillesse, il trouvait que je n'avais rien fait de mieux que ce premier roman écrit en six mois presque inconsciemment, avec tout ce que j'avais en moi, évidemment.

P.B.L. : Et ça ne vous a pas démolie ?

D.R. : Le doute est bon dans ce cas-là. Il exigeait ma cruauté d'œil vis-à-vis de moi-même, le sens de la discipline et de l'ordre, alors que j'avais vécu pendant la guerre dans un désordre indescriptible avec mon premier mari. Toutes les expériences difficiles de ma vie ont été positives. J'ai une force qui m'appartient, que j'ai dans mon sang, et personne n'a pu casser ça, ni mon père ni aucun autre homme. Et puis, j'ai un tel goût pour la vérité psychologique que tout ce qui était négatif se transformait en positif à travers l'écriture.

P.B.L. : Je crois que cela éclaire toute votre œuvre, et probablement votre vie.

D.R. : J'ai su, vers l'âge de vingt ans, que je voulais écrire. Avant cela, je dessinais beaucoup, même si à trois ans déjà, lorsqu'on me demandait ce que je voulais faire plus tard, je répondais : « Écrivain. » Écrire est pour moi une nécessité absolue. J'ai toujours travaillé avec une régularité incroyable mais réelle. Il y a des jours où ça va, et d'autres où ça ne va pas. Mais si je n'ai pas mon temps de travail du matin, je suis comme un chien ! C'est d'ailleurs pour cela que j'ai supprimé de ma vie toutes les relations inutiles, les sorties, les dîners, etc.

P.B.L. : Est-ce que vous doutez de vous lorsque vous écrivez ?

D.R. : Épouvantablement. Je fais un premier jet, un véritable grimoire de corrections, de retours en arrière... Ce sont des difficultés terribles, à chaque fois. Mais il faut avoir le courage d'aller jusqu'au bout de sa peur. Écrire, c'est un investissement total de l'être. J'essaie de trouver au langage un corps qui serait vivant, original, vrai. Ce n'est pas un travail à proprement parler, c'est un désir lié à l'énergie créatrice de la vie. Je recopie jusqu'à ce que cela devienne comme un plan d'eau pure. Je sens que ça y est quand ça rejoint la musique : musique des mots entre eux, de la phrase, de la page, du chapitre, de la narration et du sens. Il faut arriver à la musique, c'est le secret d'un beau livre. Alors, mes romans, c'est le supplice continuel avec, de temps en temps, un moment tout d'un coup où je me dis : ça chante.

Je ne fais pas de plan. D'abord, le roman est comme une sorte de grand monde nuageux en moi, pas du tout physique. C'est en moi, et puis, peu à peu, ça prend forme. Je sens ce qu'il doit contenir, je sais le nombre de pages. Comme je suis ordonnée, j'aime qu'il y ait une structure presque arithmétique du livre, dont je ne connais pas encore le sens. J'aime qu'il y ait aussi une architecture et un côté artisanal dans la fabrication. Dès que je commence, je vois dans quel sens le roman doit aller sans savoir exactement ce que sera son contenu, qui se déploie peu à peu. C'est presque comme si je dormais éveillée, ou comme si le livre se faisait en moi, en sorte que je serais l'outil de quelque dessein qui doit sortir, prendre forme, devenir musical et signifier quelque chose. Je trouve le titre au début et il y a déjà tout un monde dans un titre...

P.B.L. : Est-ce ainsi que vous apprivoisez le doute ?

D.R. : Non, le doute est comme une couleur de peau. Heureusement, l'amour est là pour me rassurer. J'ai connu la peur, les échecs et la mort avant de rencontrer Jim. C'est lui qui m'a redonné mon enfance et le bonheur de ma vie avec Bernard. Je n'ai jamais douté de lui. J'ai le goût de l'équilibre et de l'habitude. Je programme mon temps à l'extrême, parce que le doute ne me pousse pas dans le désordre et l'anarchie, c'est le contraire du chaos dans lequel j'ai vécu les dix ans de mon premier mariage. Mais je n'ai jamais recommencé une pareille expérience. J'ai eu beaucoup de chance, la vie m'aime !

P.B.L. : Et puis, vous avez une façon de tout retourner à votre avantage, non ? L'ébriété de la solitude, l'obsession de la mort, la peur de l'échec, etc., vous en triomphez, parce que vous en faites des livres. Ce sont quelquefois des combats dangereux avec vous-même. Je pense au *Gâteau des morts*, qui est le récit de votre agonie fantasmée, ou à *La voyageuse* dans lequel vous racontez votre au-delà et on pense aux tableaux souvent drolatiques mais terrifiants de Bosch ou Breughel...

D.R. : J'ai un œil qui observe, enregistre très vite les manques et les faiblesses, les mesquineries et tout ça me fait rire. Avant d'être bibliothécaire à l'Université libre de Bruxelles, j'avais fait plusieurs stages, dont un chez Étam, une marque de lingerie féminine qui avait une boutique au centre-ville. J'y avais été archiviste pendant une année. Mes collègues étaient des êtres inapprochables de médiocrité, mais ça a été intéressant pour moi. C'était mon premier contact social à l'extérieur de la famille et je notais tout dans un coin de ma tête en me disant que cela me servirait. Dans *La rénovation* (l'histoire des transformations de mon immeuble), j'avais épinglé le promoteur, appelé dans mon roman Grégory Vaugham, un type très beau, œil bleu acier et silhouette de gravure de mode (Vogue Hommes !), et tout ce que j'écris est strictement vécu. Eh bien, un jour, il sonne à ma porte et il me dit : « C'est Grégory ! » Il était venu me faire dédicacer *La rénovation.* Non seulement il ne m'en voulait pas, mais il était entré dans la narration. Cela m'a touchée...

J'ai beaucoup utilisé mes souvenirs de famille pour écrire. Mes parents m'en ont voulu. Je ne sais pas ce que c'est que l'instinct maternel et j'ai toujours eu le sentiment que ma fille Christine était sortie de moi comme un livre. Je l'aime profondément, mais je sais que dire ce que je viens de dire, et que j'ai d'ailleurs écrit, est souvent mal perçu. En tout cas, je ne triche pas. Je n'ai jamais trafiqué la vérité. Ce qui est très étrange, c'est que Lise, ma petite-fille adorable, me donne quelquefois des conseils de mère... Au fond, rien n'est perdu. Le négatif et le positif s'entendent comme larrons en foire !

P.B.L. : Au fond, l'important, même et surtout lorsqu'on doute de soi, ce serait d'être présent à soi-même.

D.R. : Aux yeux des gens ça paraît très superficiel, inutile; ça peut passer pour une preuve de contentement de soi-même, ce qui est tout à fait faux. À partir du moment où l'on se sent organisé en être humain avec un corps, une mentalité, une tête, des impressions devant chaque spectacle de la vie, une rencontre, un visage... je trouve que cela vaut la peine d'être exploré. Or, comme j'avais des dons qui m'étaient offerts sans que je les cherche, j'ai trouvé que c'était la meilleure manière de devenir la romancière que je suis devenue... presque malgré moi; ça s'est fait avec une sorte d'approbation de mon intériorité, qui, au moment du choix, se détache de moi. Quelqu'un d'autre en moi me dit « voilà où tu dois aller »... Et voilà où je vais... Je m'obéis à moi-même! (*Rires.*)

Mais c'est un combat avec soi et avec les autres... C'est pour cela que j'ai très peu d'amis et de moins en moins. J'ai des fulgurations d'amitié, qui ont toujours trait d'une manière secrète à une progression dans mon travail. Elles ne nécessitent pas d'être continues. Je m'en aperçois au moment des fêtes ou à la sortie d'un livre, avec les lettres parfois émouvantes que je reçois. On sent qu'on a touché le point important, et ça c'est épatant. On n'a pas besoin de se voir... Les relations suivies, souvent, je les trouve ennuyeuses. J'aime ce moment d'élan dans une rencontre où il y a de petites étincelles qui viennent prévenir que quelque chose d'important est en train d'advenir... Elles peuvent s'éteindre aussi bien, comme ça aurait pu être le cas au milieu de la Giudecca lorsque nous avons dîné ensemble à Venise, un soir de septembre... Et puis, non! Et pourquoi ça a pris corps? C'est merveilleux pour un romancier, le secret d'une rencontre.

J'ai des moments d'affection avec des gens que je ne reverrai jamais comme pour cette femme noire qui, lors d'un trajet en bus, m'a raconté sa vie... Je marche au flair, à l'intuition. Pendant les dix ans où j'ai été bibliothécaire à l'Université libre de Bruxelles, j'ai vu passer des dizaines et des dizaines d'étudiants. On les sent possédés, enfin pas tous, par le besoin d'arriver à se caser et à s'enfoncer dans un système de vie qu'ils ont plus ou moins voulu et dans lequel ils savent qu'ils réussiront plus ou moins bien. Ils se trompent sur le fond et ils se perdent dans une carrière plus ou moins brillante. Ce n'est pas enviable pour un artiste, pas du tout... Mais il y a une sorte de justice divine, parce que le fait d'écrire est d'origine divine. Beaucoup de gens écrivent bien, ils publient des livres intéressants. Et pourtant, ce n'est même pas tellement le travail en direct qui compte, c'est l'écho... Une sorte de vibration surnaturelle doit jouer, sinon on peut écrire comme n'importe qui.

P.B.L. : En fait, il s'agit pour vous de ne pas considérer le livre comme un simple objet devant soi, un projet... Et de se mettre au cœur de sa propre vie, pas dans les bas-côtés.

D.R. : Ça doit venir de l'intérieur de soi, parce que l'écriture est une sorte d'immanence personnelle qui fait qu'on est tout le temps écrivain, aussi bien lorsqu'on se promène le long des rues ou qu'on regarde un visage... Dans le doute de ne pas y parvenir, on naît à l'écriture à chaque commencement, et c'est ainsi que tous les romans sont des premiers romans. On redevient écrivain à chaque instant.

## *La chance*

DOMINIQUE ROLIN : Beaucoup de gens disent : « Je n'ai pas de chance » ou « je n'ai pas eu de chance », et je trouve ça insupportable. La chance est donnée à tout le monde et à n'importe qui. Donc, on ne peut pas parler de chance en soi. Il y a ceux qui sont disposés à ce que leurs efforts, leurs attitudes dans la vie aillent dans une sorte de sens à la fois généreux, ouvert, riche, qui vous situe dans ce qu'on peut appeler en gros la chance. Et je crois que chacun a une chance, si déshérité soit-on, même physiquement, même moralement, même si on vit dans une grande solitude... Je n'ai jamais supporté les gens qui prétendent ne pas avoir de chance. Pour moi, c'est rédhibitoire.

PATRICIA BOYER DE LATOUR : Qu'est-ce qui vous met en colère ?

D.R. : La chance n'est pas un bloc unitaire qui se donne à certains et pas à d'autres. Chacun a en soi la possibilité de réussir sa vie, mais réussir au sens où je l'entends, c'est-à-dire se réaliser soi-même. Ce n'est pas une question étroite, pas du tout... Il y a des gens qui saisissent leur chance, d'autres qui la refusent. On voit des êtres qui ont eu la chance d'obtenir certaines réussites, soit sentimentales, soit professionnelles... et qui les évitent; parce que c'est une question de disposition intérieure, la chance, c'est une grâce. Eh bien moi, je crois que j'ai eu beaucoup de chance. (*Sourire.*)

On voit le côté positif de la chance quand on constate une réussite au moment du résultat. Mais au début de la vie, on n'est encore nulle part. On est entouré de personnes qu'on connaît bien, la famille, et d'autres qu'on connaît peu. Et il s'agit de s'accrocher à la bonne branche qui vous fera monter sur l'arbre de la chance, ou au contraire de la refuser. Parce que vous avez des gens hostiles à leur propre chance. Or, je crois qu'on est maître de sa chance. Chacun est en réalité maître d'une chance qui peut en faire naître des milliers d'autres, plus petites, plus étroites, plus négligeables au premier abord et qui sont au fond très importantes... Certains sont doués pour que cela devienne quelque chose de positif et de fort.

P.B.L. : Et vous?

D.R. : Je me suis aperçue au fil des années que j'avais su, sans même le vouloir, saisir mes chances. Tout ce qui était négatif au départ, et même affreux — mon premier mariage et pour parler de ce qui est plus récent, la rénovation de mon immeuble, une source de bruits effroyables pendant de longs mois —, a été pour moi autant d'occasions de faire sortir ma chance. À l'image de ce tableau de Cézanne (en couverture de l'édition du livre de poche de *La rénovation*), qui ressemble à un entassement de ruines d'où émergent des chances de vie. Quand j'écris un livre, je cherche à vider de moi certains aspects, certaines images, certains chocs, puis je l'oublie. Parce qu'une fois terminé, il sort de mon cadre de raisonnement.

Pendant très longtemps, j'ai masqué dans mes romans les noms et prénoms de ceux qui faisaient partie de ma vie. Puis, petit à petit, ils sont devenus une sorte de légende, ce qui me permettait de leur donner une identité littéraire. La première fois que j'ai parlé de ma fille Christine dans un livre, ça a été « Ma-ta » (comme « ma fille-ta fille », parce qu'elle a été élevée par ma mère jusqu'à l'âge de quinze ans) ; Jim, c'est le diminutif de James Joyce que Sollers a trouvé quand j'ai voulu le nommer plus directement, au moment où je commence ma « trilogie familiale » : *L'infini chez soi*, *Le gâteau des morts* et *La voyageuse*. Je ne l'évoque jamais dans mes romans sous son individualité connue d'écrivain (dans *Train de rêves*, il est nommé Ph.). Quand je suis amenée à en parler dans la vie, je donne rarement son prénom véritable, je dis Sollers, c'est un bloc d'identité ; ou alors je parle de Jim...

Au fond, je me demande si croire en sa chance ne rejoint pas une certaine foi religieuse. Il faut croire en la vie, et en cette chose extraordinaire tout de même : elle nous a été offerte sans qu'on l'ait demandée, il faut faire avec, quelles que soient les conditions dans lesquelles elle nous a été donnée. Je pense à mes arrière-petites-filles, Dounia (treize ans) et Cléa (quatre ans), les filles de ma petite-fille Lise. J'ai des rapports merveilleux avec elles... Et j'ai remarqué qu'elles ont de la chance, indépendamment de leur vie matérielle, parce que je sens qu'elles sont faites pour trouver leur liberté personnelle. Elles sont belles, mais ce n'est pas uniquement physique, la chance, c'est très mystérieux. Quoi qu'il arrive dans une vie, il y a toujours un rail parallèle qui permet à l'être humain de trouver sa liberté intime, profonde, en dépit de tout ce qui peut survenir de mauvais, de difficile, d'ennuyeux. J'ai eu, en ce sens, de la chance.

P.B.L. : Quand on repère ses vraies chances, c'est qu'on a aussi l'expérience de la rudesse de l'existence et donc, une certaine lucidité.

D.R. : C'est le métier d'écrivain ! J'entends quelquefois une émission sur Europe 1, incroyablement drôle, où une femme écoute des gens qui appellent, en essayant de les aider. Ils sont affreusement malheureux. (*Rires.*) Mais on n'a pas le droit d'être malheureux ! On a le devoir d'être heureux malgré tout, c'est une attitude qui rejoint en moi la foi chrétienne.

Quand j'étais enfant, il y avait déjà quelque chose de mystique en moi, alors que mon père était très anticlérical. Je me souviens qu'il parcourait notre avenue toute tranquille à Bruxelles en hurlant : « À bas la calotte ! » Il m'avait néanmoins mise dans une école religieuse et s'était lié d'amitié avec le curé de l'institution, avec lequel il parlait littérature. Un jour, ce curé vient à la maison, me pose la main sur l'épaule en disant « cette enfant est faite pour nous » et mon père l'a flanqué à la porte sur-le-champ. Il y a eu chez moi un élan mystique contrarié, mais je crois que ça a été pour moi une grande aide, même inavouée. J'ai commencé à lire très tôt dans la bibliothèque de mon père des monographies de peintres largement illustrées, qui m'ont marquée. Je me souviens aussi de la procession de l'Assomption à Genk, qui m'avait tellement impressionnée. J'ai exprimé cela beaucoup plus tard dans mes livres... Sur le moment, je ne m'en suis pas rendu compte.

Quand ma fille Christine est venue vivre avec nous à

Villiers-sur-Morin, elle allait au lycée de Meaux où elle était interne et lorsqu'elle revenait tous les week-ends, elle nous parlait constamment de l'abbé Pouyé, qui organisait des regroupements de jeunes, garçons et filles, et leur faisait faire des retraites à pied à Chartres. Bernard, qui n'était pas du tout religieux, avait peur qu'il la capte, et il a voulu que nous allions le rencontrer. Nous sommes tombés sur un homme merveilleux, un tout jeune prêtre à l'époque. Il aurait pu faire une carrière brillante en montant dans la hiérarchie, mais il n'a pas voulu. Sa vocation était d'aider les gens privés de conseil, il s'est voué à la charité. Je suis restée en contact avec lui ; nous nous voyons de temps en temps et nous nous écrivons ou nous nous téléphonons. C'est un type bienfaisant. J'ai eu le désir de me faire baptiser, il y a quinze ans à peu près, et c'est à lui que je l'ai demandé. Jim est mon parrain, la cérémonie a eu lieu à l'église Saint-Thomas d'Aquin. Ça correspondait en moi à un besoin de fixer certains axes de ma vie. J'étais arrivée à un moment où je me sentais tellement heureuse, équilibrée, victorieuse de quantité d'obstacles que j'ai voulu signifier tout cela par un acte très simple. Je n'ai pas peur de la mort, j'ai une peur panique de la mort des gens que j'aime : la mort de ma mère en 1965 a été un drame, celle de mon père dix ans plus tard aussi, celle de ma petite-fille Florence à l'âge de deux ans et demi à Dalat, au Vietnam, en 1962... C'est exactement comme si on vous infligeait une blessure qui ne guérira pas. Je me disais qu'au bout de mon chemin de vie, il ne pourrait plus rien m'arriver de mal.

P.B.L. : Alors dans le bonheur comme dans le malheur, vous invoquez Dieu, votre chance...

D.R. : Même pas. La chance est préalable à cela, c'est indicible. J'ai eu la chance de pouvoir écrire. À quelqu'un qui est à bout de force pour des raisons matérielles, morales, mentales, j'ai envie de dire : « Achetez un cahier et écrivez pour vous et sur vous. » J'ai toujours tenu mon journal librement pour moi-même. Au moment où mon père a traversé une grave dépression nerveuse, je l'ai incité à tenir son journal.

Mais je crois qu'en réalité, je suis faite pour écrire. Pour moi, écrire, c'est vivre. J'ai publié un livre tous les deux ans pratiquement toute ma vie, à partir des *Marais*, en 1942. Il y a une rythmique du bonheur comparable à une sorte de circulation sanguine, qui passe pour moi par l'encre du stylo sur la page blanche.

P.B.L. : Dans une grande détresse, il y a des gens qui ne peuvent pas écrire, parce qu'ils ont perdu ce lien avec eux-mêmes qui pourrait les sauver.

D.R. : Mais on ne perd jamais ce lien avec soi. La détresse est aussi une force avec laquelle on cohabite, et c'est à partir de cela qu'on se reconstruit. L'idée du suicide me rend malade, parce que c'est un crime vis-à-vis de ce don qu'on nous a fait de nous mettre au monde. Un être humain a en lui toutes les virtualités possibles et imaginables. Mais c'est vrai, il faut avoir de l'énergie. Il faut surtout croire en la vie. Cette mystique ne m'a jamais abandonnée, même dans les pires moments, même à la mort de Bernard où j'ai vécu des moments effrayants. J'ai dû indigner des gens qui m'entouraient à cette époque. Mon deuil a duré deux ans. J'ai eu une période de désordre... Quand une aventure avec un homme se présentait, je l'acceptais. S'il me désirait, je ne refusais pas. Cela m'était déjà arrivé auparavant, une fois, quand j'avais quitté mon fou de mari à Bruxelles pour vivre à Paris, pendant six mois avant de rencontrer Bernard. C'était une réaction de santé et de confiance dans la chance de ce que l'existence pouvait m'offrir, cela ne portait pas à conséquence. Je ne suis pas masochiste, plutôt un peu sadique ! Quand j'ai rencontré Jim, du jour au lendemain, ça a été terminé. J'ai coupé net avec toutes ces passades, et j'ai senti qu'il était ma chance. Il a été la plus grande chance de ma vie.

P.B.L. : Comment l'avez-vous su ?

D.R. : Je l'ai senti tout de suite ! Je le raconte dans *Journal amoureux*. C'était en 1958. J'allais entrer au jury du prix Femina. Paul Flamand, directeur des éditions du Seuil, lançait le premier livre d'un débutant qui s'appelait Philippe Sollers. Personne ne le connaissait, même si son livre, *Une curieuse solitude*, avait provoqué une sorte de révolution dans le milieu littéraire. Il avait été salué par Mauriac et Aragon, puis par Ponge, Paulhan... Il était aimé, il était détesté. Je suis donc invitée à ce déjeuner à la campagne chez cet éditeur qui souhaitait obtenir un prix pour son poulain. Un certain nombre de gens susceptibles de voter pour lui étaient là aussi. Et c'est là que j'ai rencontré... Jim. Et alors, je ne sais pas ce qui m'a tellement émerveillée chez ce garçon qui n'avait pas vingt-deux ans à l'époque, c'était, je crois, sa liberté totale déjà... et sa maturité d'intelligence. Il avait à la fois son âge et pas son âge. Et une volonté extraordinaire. J'ai tout de suite senti qu'il était la chance de ma vie.

P.B.L. : Aucun obstacle à cette certitude ?

D.R. : La différence d'âge ? Non, ça n'a pas joué. Ça a dû jouer dans l'esprit de beaucoup de gens, évidemment (*rires*), mais on ne s'en est pas préoccupés. Je me souviens merveilleusement de toute cette journée. Il y avait, au milieu d'autres comparses, André Billy qui faisait partie du prix Goncourt, Jean Cayrol que j'aime beaucoup, et moi qui allais entrer au prix Femina. En organisant ce déjeuner, l'éditeur s'était dit que Philippe Sollers pouvait obtenir un prix !

Je lui ai plu, et immédiatement j'ai eu confiance en cet homme. Ça a été aussi simple que ça : une confiance mutuelle en dépit de tout. La vie a passé, mais nous avons le sentiment que nous nous sommes rencontrés hier. La qualité du temps ne joue plus et les événements non plus, sauf ce qui nous lie, nous.

Au moment où j'ai publié mes premiers textes, j'ai eu aussi beaucoup de chance. J'étais déjà bibliothécaire à Bruxelles, j'avais rencontré Hubert, la guerre approchait. J'étais en train de sombrer dans un traquenard. J'étais enceinte, maman était affolée, il fallait se marier tout de suite, parce qu'à l'époque, être enceinte sans être mariée, c'était épouvantable. Le mariage a été bâclé en trois mois, et je savais que c'était un ratage. Mais en définitive, ç'a été une chance, parce que j'ai dû me battre pour me sortir de là. Il y a déjà en moi cette force qui consiste à rendre positif ce qui ne l'est pas au départ. Il faut avoir ça en soi sinon à quoi bon vivre ? La conservatrice de la bibliothèque, qui savait que j'écrivais, m'avait avertie qu'une revue française, *Mesure*, dirigée par Paulhan, Ungaretti et Groethuysen, organisait un concours de nouvelles. C'était en 1936. On demandait un texte de onze pages. J'avais déjà publié une ou deux nouvelles dans une revue belge, j'ai donc écrit et envoyé un texte intitulé *La peur*. Un jour, je reçois une lettre de

Paulhan m'annonçant qu'on venait de me décerner le prix... « ex æquo avec une femme » ! Cocteau s'éprend de mon premier livre, *Les marais*, et Max Jacob s'enthousiasme. Ce fut une chance extraordinaire, mais ce n'était pas un accident, c'était lié à ma personne même.

Rencontrer Bernard à Paris après-guerre tenait aussi de la chance, et je ne l'ai pas laissée passer. Il dessinait des portraits d'écrivains dans *Les Nouvelles littéraires*, et un jour, j'ai accompagné un journaliste dans son appartement rue de Rennes, parce que Georges Charensol, le directeur de la revue, voulait publier un reportage sur moi avec un dessin de Bernard Milleret. C'est lui qui a ouvert la porte. J'ai vu un grand gaillard qui avait beaucoup de charme, un sourire magnifique, une carrure d'athlète... Les femmes l'attiraient, il ne résistait pas. Et il leur plaisait, il m'a plu tout de suite ! Sa personne, ses dessins, tout était beau. Il était marié et ne souhaitait pas divorcer. Je ne lui ai rien demandé d'ailleurs... Et puis, trois mois plus tard, nous avons vécu ensemble, dix ans de bonheur. Quand nous allions chez Lipp, Audiberti, un habitué de la brasserie et un ami, disait de nous en nous voyant arriver : « Voici la petite ourse avec son dompteur ! » Et c'est vrai qu'il était impressionnant. Je me souviens encore de son manteau en mouton retourné (qu'il appelait sa touloupe) dans lequel il paraissait encore plus grand. Ça gênait beaucoup de gens, je le voyais bien. Il prenait une telle place qu'il indignait certains ; il était si vivant, si lumineux...

P.B.L. : Y a-t-il eu dans votre vie des occasions de chance manquées ?

D.R. : Eh bien, c'est peut-être une chance... Quand j'ai rencontré mon premier mari, il m'avait fascinée comme un personnage d'Edgar Poe. Et j'ai foncé en aveugle dans cette histoire, parce que ma mère m'avait élevée avec une pudibonderie absurde. C'était d'une certaine façon le ratage de ma vie. Pourtant, ce ratage s'est transformé en chance. Je crois qu'on peut tout transformer... La chance doit accepter d'être nourrie par la malchance. Il faut lui faire confiance au point d'accueillir les ratages qu'elle propose, et qui se révèlent aussi quelquefois des chances au second degré.

P.B.L. : Et que pensez-vous des êtres qui laissent passer des chances au point de se retrouver dans des impasses ?

D.R. : Peut-être s'agit-il d'un manque d'instinct ou de grâce, qui ne forment en réalité qu'une seule et même énergie. On a tort de vouloir faire le partage entre ces deux éléments qui peuvent vous guider, ou qui risquent de vous faire sombrer. C'est là qu'on rejoint le côté probablement religieux de la chance. Il se produit tout d'un coup une sorte de déclic.

Quand j'ai rencontré Jim, le premier mouvement aurait dû être de me méfier et de me tenir à distance... Or ça a été l'entente immédiate. J'ai dû sentir tout de suite qu'il était libre et généreux. Cela tenait sans doute à son enfance bordelaise dont il m'a très vite parlé, à cette éducation ouverte qu'il a reçue, à l'amour de certaines choses... Je me suis dit que mon Nord pouvait coïncider avec ce Sud profond, et ça s'est révélé vrai.

Au fond, c'est très difficile de parler de la chance... Quand j'entends des gens dire « je n'ai pas de chance », j'entends un « non » à la vie, qui sonne faux. Ils ne voient pas clair en eux. Maman avait un cousin germain qui disait toujours ça, et je le détestais. Quand quelqu'un dit ça, physiquement on sent déjà en lui qu'il n'a pas de chance. Ce n'est pas une question de beauté ou de laideur. Vous avez des gens très beaux qui parient pour la malchance. Alors, il faut se tenir en alerte et se dire que la vie est belle, toujours. C'est le seul principe à suivre! La base même de la réussite, au sens où je l'entends.

P.B.L. : Quand je vous ai rencontrée la première fois, je suis sortie de chez vous en me disant que j'avais de la chance...

D.R. : Mais oui, sûrement. C'est la raison pour laquelle j'ai eu de la sympathie pour vous. Les gens qui n'ont pas de chance essaient de trouver chez l'autre le tout petit défaut qui leur permettrait d'entrer à l'intérieur et de détruire jusqu'à l'espoir même d'un bonheur ou d'une réussite. Mais ce n'est pas facile d'être heureux, c'est un exercice physique et mental continu, une bagarre de tous les instants. Ce n'est pas du tout un état reposant de prendre conscience qu'on est fait pour la chance. Il faut savoir se défendre de tout, faire de sa vie un abri, se méfier des êtres négatifs, les éviter. Être intraitable sur ce point. Mais la plupart des gens ne se connaissent pas eux-mêmes. Ils sont fermés à tout ce qui appartient au monde extérieur et pourrait leur être bénéfique. Ils refusent le bonheur d'une façon presque organique, ils sont condamnés d'avance. Toutes les rencontres que j'ai faites dans ma vie ont été des rencontres de hasard, mais j'étais prête, attentive. Les chances viennent à moi sans que je les réclame. « Charité bien ordonnée commence par soi-même », dit-on. J'ajouterai : « Cruauté bien ordonnée commence par soi-même. » Je suis cruelle à mon égard, c'est une base de départ. Je ne me mets pas sur un piédestal, j'ai toujours l'impression d'être au début de quelque chose et je cherche à me tenir à mon niveau, à travailler, à creuser. Mais j'ai la vocation du bonheur et je savais qu'il m'attendait quelque part.

## *Je suis double*

PATRICIA BOYER DE LATOUR : Je suis double, dites-vous. Comment l'entendez-vous ?

DOMINIQUE ROLIN : Je mène parallèlement des extrêmes en moi-même, deux figures qui sont moi, l'une et l'autre, et qui sont pourtant tout à fait contradictoires. D'un côté, j'aime l'humanité. À l'autre bout, dans mon double, je l'écarte, je n'en veux pas... J'ai des aspects de ma personnalité qui m'incitent à la bonté ; et d'autres, non. De toute façon, rien n'est perdu, puisque je me sers de tout, mais cette espèce de dualité de nature est constante. Je peux avoir des élans de pitié et de tendresse incroyables. Et puis, tout d'un coup, retournement complet : cruauté, dégoût, horreur du contact. Suis-je un être de duplicité ? Je vis en permanence sur deux niveaux : il y a l'extrême bonheur de vivre, et l'extrême peur de vivre. Et je me sens innocente. Écrire, c'est vivre deux fois et donc assumer son double. À partir du moment où j'écris, je suis « un ». J'ai le droit de faire alors ressortir la seconde partie de moi-même, qui n'est pas toujours tendre ! Un être humain est fait de telle manière qu'il peut tourner autour de lui-même constamment. Un côté est éclairé d'une certaine manière, l'éclairage bouge, comme dans les images du cinéma muet. On peut rendre un visage dramatiquement laid, un corps repoussant. On continue à tourner, et, tout d'un coup, on retrouve une sorte de luminosité, de beauté, de fraîcheur, d'élan, de générosité. Beaucoup de gens pensent que je suis férocement égocentrique, je sais que j'ai cette réputation. Mais ce n'est pas de l'égocentrisme...

P.B.L. : Qu'un écrivain s'intéresse à lui-même, c'est tout de même la moindre des choses !

D.R. : La plupart des écrivains n'osent pas s'attaquer à eux-mêmes. Ils ont besoin de construire un roman en se projetant, déguisés derrière l'écran de personnages qui leur servent à camoufler leur vérité profonde. En réalité, ils se trahissent eux-mêmes... J'ai trouvé intéressant pour ma part d'aller jusqu'au bout de cette espèce de contradiction que je sentais exister à travers les passions humaines qui m'animent. Ce qui a été constant, c'est que je ne me suis jamais aimée. Il n'y a pas eu de réconciliation avec moi-même. Mais je pense que ma conduite et mes comportements sont dignes d'intérêt puisqu'ils donnent des livres. J'ai la capacité de capter tout ce qui est autour de moi. Par exemple, j'adore être dans un café seule à regarder ce qui se passe et je découvre qu'il y a des choses liées très profondément à mon travail. Tout est passionnant, la vie est pleine de richesses. Les gens qui se croient pauvres ne cultivent pas leur imaginaire et laissent mourir en eux des sommes de choses qui peuvent être belles, profondes, généreuses, intelligentes, pour peu qu'on leur accorde de l'attention.

Je vous regarde et j'aime vos gestes soyeux. C'est curieux, souvent on se contente d'examiner un visage

— sa forme générale, les yeux, la bouche, etc. —, mais on ne s'aperçoit pas qu'un être humain donne autant de vérité de lui-même avec sa manière de bouger les mains, de rire, de cligner les yeux, de tourner la tête, de marcher... Tout est révélateur, c'est pour cela que le spectacle de la rue est romanesque en diable ! Mais la plupart des gens ne voient rien, tant pis pour eux !

Dans un de mes livres, je suis dans une rame de métro et j'observe quelqu'un dont je ne sais rien. Et tout d'un coup, je vois ce visage habité par son propre soi-même s'animer. On sent que quelque chose travaille en lui, ou un bonheur ou un malheur, une attente en tout cas, un espoir. Je me souviens que cet homme m'effrayait presque par la richesse de ce qu'il pouvait offrir sans rien donner de lui-même extérieurement. Mais la vie est remplie de ces sortes d'accidents minimes et splendides que personne ne remarque !

En général, les gens les refusent, ils n'en devinent pas les trésors intérieurs, ou alors ils les saccagent, ils les transforment en laideur. Et j'ai toujours été sensible à tous les signes placés sur mon chemin. Quelquefois, un regard suffit pour commencer une amitié. J'ai rencontré comme ça l'écrivain Nicolas Bréhal. Il venait d'obtenir le prix Valery Larbaud dont je suis un des membres, et il avait été placé à côté de moi pour le dîner. J'ai creusé... et presque jusqu'à la fin de sa vie, nous sommes allés de temps en temps déjeuner ensemble.

P.B.L. : D'où vous vient ce sentiment d'être double ?

D.R. : Je me suis toujours sentie double. J'ai toujours eu horreur de mon reflet dans les miroirs depuis mon enfance avec le sentiment que j'étais constituée de deux morceaux. Une partie de moi était destinée à la joie de vivre et au refus de toutes les compromissions extérieures; une autre avait le désir d'être une sorte de Mélusine ou de Mélisande aux longs cheveux, une fée en tout cas! Ça n'a fait qu'empirer avec le temps... Parce que j'étais une gauchère contrariée, ce qui a probablement bouleversé un équilibre presque physiologique. Je me suis sentie différente, je louchais, j'avais du mal avec moi-même : j'étais loin de ressembler à ce que je voulais être. Dans ce face à face intime, drôle et tragique à la fois, je cherchais à m'accepter. Se créer un double, comme une sorte de sœur difficile à vivre, c'est d'abord ne pas vouloir se reconnaître soi-même, ni confondre l'image que l'on a de soi dans les miroirs. Aucun consentement narcissique, mais des tentatives pour me supporter. D'où mon amour des bijoux comme si, par leurs pouvoirs magiques, ils allaient m'aider en créant une sorte de réplique acceptable, comme si je voulais me recréer entièrement.

P.B.L. : En parlant de votre double à la fin de *Deux* paru chez Denoël en 1975, vous dites, en l'appelant « petite sœur » : « Tu viens d'être mise knock-out. Je t'ai patiemment arrachée à tous les chaos. »

D.R. : Aujourd'hui encore, je me souviens d'une scène très précise de ma petite enfance. Mon père est venu me voler en pleine nuit une espèce de poupée de chiffon que maman m'avait faite et sans laquelle je ne pouvais m'endormir. Je l'appelais mon « be-be » et je me réveillais dans le noir en hurlant quand je ne la trouvais pas auprès de moi. Si je la perdais, c'était pour moi une catastrophe, comme si le monde se brisait. Or, il me l'a arrachée des mains et il a disparu. À la fin de sa vie, il m'a dit qu'il était allé la jeter dans un égout.

P.B.L. : Un père ne ferait plus ça aujourd'hui... Freud et Dolto sont passés par là ! On sait que les nounours préférés et autres « doudous », coussins et chiffons magiques, souvent les plus abîmés et les plus vilains, aident l'enfant à se construire. Et vous, on vous l'a brutalement enlevé... C'était votre double, en fait.

D.R. : Oui, c'est ça... Je me suis longtemps endormie avec un traversin dans les bras dont je ne pouvais me séparer, j'en avais besoin. C'était une façon de m'envisager sans complaisance, mais avec fidélité et tendresse, pour me libérer de tout un côté secret qu'il est impossible de communiquer à voix haute avec quiconque. Il s'agissait de continuer à tisser, dans le silence de ma solitude, le lien avec l'Autre.

Il m'arrive quelquefois d'entrer en relation avec des gens que je ne connais pas... L'autre jour, un couple vient s'asseoir à côté de moi dans un café où je vais souvent. La jeune femme portait un parfum qui sentait bon et qui lui allait bien, je le lui ai dit. Pourquoi ne le lui aurais-je pas dit ? Elle m'a souri, et m'a remerciée avec beaucoup de gentillesse en ajoutant : « Et vous, madame, vous avez un visage comme on n'en fait plus ! » Ça m'a émue. À travers ces rencontres qui n'en sont pas, quelque chose se dit qui permet de poursuivre le livre en cours grâce à un mot, une phrase, une atmosphère... Ce sont des révélations instantanées, comme autant d'épiphanies successives, modestes et magnifiques, qui aident à vivre. J'aimerais faire passer ça...

P.B.L. : La figure du double est au cœur de votre œuvre, on en trouve de multiples exemples. Il y a souvent un double plan d'écriture — ici et là-bas, le dessus et le dessous, aujourd'hui et avant ou après ; vous mettez en présence deux personnages qui fonctionnent dans un rapport de gémellité ; vous projetez votre propre double : la jeune fille que vous étiez à côté de la femme que vous êtes devenue ; ou encore vous vous confrontez dans un duel frontal avec l'autre en vous.

D.R. : Je n'ai jamais cessé d'entrer dans une sorte d'auto-analyse et la figure du double s'est imposée assez rapidement, en effet. Et puis, il y a eu le phénomène du nouveau roman qui n'a pas duré longtemps, mais dont l'influence fut considérable sur les écrivains de cette époque. À ce moment-là, je me suis dit que je ne pouvais pas continuer à écrire de la fiction qui ne soit directement concernée par moi ; non par narcissisme, mais parce que je trouve qu'il est intéressant de mettre hors de soi tout ce qui sommeille et dont on ne s'occupe absolument pas. Les richesses à découvrir sont alors inouïes. On rencontre partout des gens inconscients du capital de sensations, sentiments, espoirs, regrets, chagrins, déchirements, qui sont intimement liés à eux-mêmes. J'ai voulu exploiter ça à fond.

P.B.L. : « Mon double, mon ennemi intime », écrivez-vous, encore dans *Deux*. Ce roman est curieusement conçu comme un combat de boxe entre vous et votre double : « Moi je suis la vie. Elle est la mort. Vivre est mon orgueil. »

D.R. : L'affrontement avec moi-même a été continu. Il y a des moments d'extase personnelle, et immédiatement après, mon double me rabat mes extases et m'entraîne dans des gouffres de doute, de désespoir, d'inquiétude sur ma façon d'être. Je suis tout le temps remise en question par mon double ; tantôt c'est moi qui remet en question mon double, et tantôt c'est l'inverse.

P.B.L. : Quelles relations entretenez-vous aujourd'hui avec votre double ?

D.R. : Impossible de revenir à la troisième personne, ça ne marche pas. Tout de suite, c'est faux. La vérité, c'est ce qui est en moi. Le « je » et le « tu » sont toujours la bonne distance. Je me parle, et je me dis « tu ». De temps en temps, apparaît le « je », mais ce n'est pas un jeu, c'est une nécessité.

P.B.L. : Il y a souvent beaucoup d'humour dans cette lutte avec votre double.

D.R. : Je suis sauvée par l'humour ! C'est un capital d'écriture sans quoi rien n'est possible. L'humour permet la cruauté. Il y a ce balancement entre le bonheur, la paix, l'enthousiasme, l'alliance avec le monde extérieur ; et puis, la méfiance, le constat d'une sorte de conscience du mensonge généralisé dans l'univers où l'on vit, la lutte...

P.B.L. : Donc, regard distancié.

D.R. : Dès mes premiers chocs d'adolescence, j'ai été lucide sur tout cela. J'avais commencé à écrire une série de nouvelles alors que j'étais au cours d'illustration du livre à l'Institut des Arts décoratifs de Bruxelles. Je me souviens qu'il y avait là une Polonaise exilée, à propos de laquelle j'ai eu envie d'écrire, et particulièrement sur le drame de sa solitude, de son isolement. Tous mes premiers textes constituaient une tentative de me retrouver moi-même et je passais par l'extérieur pour atteindre l'intérieur : ce trajet était important. Si l'on ne se trouve pas soi-même, on ne peut rien faire. C'est à la fois le début de tout et une fin en soi. Plus je vais, plus je sens que j'ai eu raison d'aller dans le sens de cette honnêteté intime, en considérant les richesses, les ressources et l'équilibre que cela apporte, les dangers aussi... Parce qu'on est tout le temps en état de menace.

J'ai fait un certain nombre d'imbécillités dans ma vie. Il y a des périodes où cet exercice continu de recherche me forçait à agir contre moi. J'avais bien la sensation de ne pas toujours faire ce qu'il fallait, mais, en réalité, l'écriture est un instinct de conquête de soi-même, une sorte d'architecture à laquelle on travaille depuis sa jeunesse. Cela me fait penser aux échafaudages qui sont en face de chez moi. Il y a des planches, des escaliers, des grottes, des détours et des souterrains qui me ramènent à mon enfance. En particulier à ce fameux cauchemar où je suis poursuivie dans un labyrinthe ; et à ce premier rire de plénitude qui a couvert toute ma vie, lorsque je suis dans les bras de ma mère à regarder un chien qui frétille devant moi. La peur vient d'une menace, d'où ma grande méfiance à l'égard des êtres humains, et d'abord, de moi-même ; d'où ma réserve, mon besoin de m'isoler, de m'empêcher de m'éparpiller.

P.B.L. : Vous ne renoncez pourtant pas à lutter. C'est un combat violent, mais un combat entre vous et vous pour la vie.

D.R. : Oui, pas de morbidité.

P.B.L. : Ce qui ne vous empêche pas de mettre en scène le suicide de votre double, ou plus exactement la tentation d'un suicide possible... en projetant de vous jeter par la fenêtre. Vous tournez autour de l'idée plusieurs fois dans votre œuvre tout en la rejetant presque aussitôt.

D.R. : Mais c'est poignant, la vie. Et ça doit être comme ça. On est toujours sur le fil... Je hais le suicide. J'ai probablement imaginé des scénarios suicidaires dans certains de mes livres, mais c'est toujours resté à l'état de fantasmes. Je me jetais par la fenêtre, moi qui ai toujours eu le vertige ! Il y a d'ailleurs quelque chose qui me fascine dans les documentaires en haute montagne. On y voit des lignes de crête, avec deux gouffres possibles, qui s'ouvrent... La vie n'est pas une promenade facile, on doit savoir éviter les précipices ou voler audessus !

J'ai toujours cru à une sorte de triomphe mérité. Il me fallait suivre un chemin long, compliqué, plein de menaces, mais je n'ai jamais douté d'arriver au sommet, moi qui pourtant doutais de tout. Mon frère Denys disait souvent alors qu'il était encore tout petit : « Tous ceux qui parlent ont une figure. » Il faut avoir rendez-vous avec soi, avec l'autre en soi. Le reste vient se grouper autour : les rencontres, la famille, le fait qu'on se marie ou pas... Il y a cette ambiguïté de l'être qui peut s'adresser au monde extérieur et qui peut aussi parler en secret à un personnage intérieur fait à ses mesures. C'est une façon de se défouler et de s'accorder une liberté intérieure.

Je ne suis pas quelqu'un qui se confie, je n'ai que quelques rares amis avec lesquels je m'entends vraiment. Je suis d'ailleurs frappée par la surdité de la nature humaine en général. Les gens n'osent pas, ne veulent pas entendre. Que savent-ils d'eux-mêmes et des autres ? Rien. Et puis, vous avez aussi ceux qui s'imaginent qu'en ayant des aspirations littéraires ou artistiques, ils vont arriver à s'imposer sans entamer ce dialogue interne. Mais ils n'ont pas l'outil, pas l'oreille... Ils attendent, ils se mentent, ils ont le temps. Or, il faut vivre comme si on n'avait pas le temps. On est au bord du temps comme au bord d'un précipice : celui du néant, du silence, du malheur.

P.B.L. : En terminant votre dialogue avec votre double dans *Deux*, vous parlez de « l'homme que nous aimons », un autre totalement autre ?

D.R. : Oui, et c'est inexplicable dans le vrai sens du terme, c'est quasiment cellulaire : le corps, le cerveau, la sensibilité d'un autre, que j'ai appelé Jim et avec lequel il y a accord. Je me souviens avoir dit un jour à Bernard : « Si je te perdais, je ne te survivrais pas. » À l'époque, il n'était pas malade. Quand il a su qu'il allait mourir, il m'a dit : « Je ne te demande qu'une chose : attends six mois. Si, au bout de six mois, tu sens que tu ne peux plus vivre, je comprendrais... » Les derniers mots qu'il a prononcés dans son agonie ont été « ma femme, mon amie ». J'ai souffert de désespoir, mais il m'avait mystérieusement transmis sa vitalité. Et l'occasion de pouvoir décider de lui survivre a été ma rencontre avec Jim presque deux ans plus tard.

## *La Belgique*

Patricia Boyer de Latour : « Sois belge et tais-toi ! » vous a dit un jour Antoine Blondin.

Dominique Rolin : C'était sa plaisanterie favorite. Il y avait un vrai charme chez Blondin, un côté provocant qui pouvait aller très loin. Il était capable de tout et il fallait faire attention au moment où il pouvait déjanter. Un jour de réunion pour le prix Roger Nimier, dont nous étions membres tous les deux, je le revois assis à côté de moi, furieux et prêt à monter sur la table parce qu'il n'avait pas apprécié la conduite de Florence Gould à l'égard d'un lauréat qu'elle ne voulait plus voir sous le prétexte qu'il n'était pas psychologue comme elle l'avait cru, mais gynécologue ! Mais avec moi, il était drôle, taquin et il jouait sur les mots. Enfin, il m'aimait bien. Donc, « sois belge et tais-toi ! ».

P.B.L. : Comment peut-on être et avoir été belge ?

D.R. : Je me sens très belge. Mon père était wallon d'origine protestante, d'ailleurs violemment anticlérical avant de tomber follement amoureux de cette jeune fille très catholiquement bourgeoise... Ce qui avait causé des désastres dans le petit clan Rolin. Ça a été une fracture totale pour l'adolescente que j'étais. J'en ai été profondément perturbée, mais je m'en suis sortie, parce qu'il y avait en moi un goût pour la liberté qui s'est révélé, à ce moment-là, encore plus fort, ainsi qu'un besoin presque organique d'équilibre. Ma mère avait un père français, l'écrivain Léon Cladel, né à Montauban, et une mère hollandaise aux origines juives, dont elle ne m'a jamais soufflé mot. Je n'ai donc pas eu la moindre conscience raciale ou politique et j'ai toujours vécu dans une sorte d'inconscience...

En Belgique, il y a les Flamands d'un côté, les Wallons de l'autre. Cela fait un très singulier pays composé de fragments d'identités différentes. Les Belges sont forcés de s'entendre, souvent avec des difficultés sur le plan politique. Pourtant cette petite Belgique si complexe tient aujourd'hui une place importante grâce à l'Europe. Des analogies existent entre Flamands et Wallons, dues sans doute à leur robustesse nordique et à une sorte de religiosité héritée des grands artistes de leur passé. Ils ont aussi ce goût de la propreté, de la discipline et de l'ordre que je partage.

J'ai vécu dans le désordre quand j'étais avec mon premier mari, parce que je me sentais très malheureuse. Avec Bernard, j'ai pleuré au début de notre rencontre, parce que nous n'avions pas encore d'armoire pour ranger mes affaires. Pourtant la pauvreté avait quelque chose de luxueux avec Bernard, c'était le joyeux bazar ! Mais le principe d'ordre est lié en moi au désir d'écrire. J'aime me mettre à mon bureau quand tout est en place, il m'est même impossible de travailler si mon lit n'est pas fait. C'est indispensable à l'encadrement de mon moi écrivain et cela construit la géométrie disciplinaire de création. Je suis maniaque. Un intérieur bien tenu, chaque chose dans un rituel immuable, me permet d'être libre. S'y ajoute un autre principe nécessaire : une ponctualité impérieuse. Je ne supporte pas l'absence de ponctualité chez les autres et je suis très ponctuelle moi-même. Ne pas l'être dérangerait mon horloge interne. Je ne sais pas ce que c'est qu'une grasse matinée, je me lève à 6 heures, je suis couchée à 21 h 30 sauf exception. C'est une jouissance ! Avec tous ces rites, on a confiance dans le temps...

Les Belges sont aussi d'une générosité authentique et d'une vraie gentillesse, relayée, s'il le faut, par une grande brutalité. Ils sont directs, ne trichent pas et il y a de la gaieté en eux, un côté charnel et positif. Ils ont le sens de l'humour, une drôlerie qui peut dériver vers une sorte de laisser-aller jusqu'à la truculence, mais sans tomber dans la vulgarité. C'est très sensible par exemple dans les tableaux de l'École flamande tels que ceux de Jérôme Bosch ou Breughel. Et puis, il y a cette source de fantastique et de rêve nourrie en eux par toute une lignée d'artistes attirés d'instinct par la surréalité de la vie. On y envisage le rêve comme une réalité seconde tout à fait naturelle, ce que j'ai traité moi-même par pure intuition dans mes livres.

Les Belges peuvent être cruels et je le suis moi-même, mais ils le sont d'une façon enfantine, presque, comment dire... viandeuse. C'est un besoin d'aller droit au cœur des êtres. La chair est la chair, ils ne l'éludent pas. Par exemple, ma mère ne voulait pas que mon frère devienne aviateur, ce qu'il désirait dès l'enfance. Il l'est d'ailleurs devenu à vingt ans. Elle disait dramatiquement : « Si tu fais ça un jour, je m'ouvre les veines. » À quoi il ajoutait d'une voix théâtrale : « Dans la baignoire ! » Cette vision effrayante nous faisait rire aux larmes.

J'ai gardé de merveilleux amis en Belgique, entre

autres Frans De Haes, attaché à la Bibliothèque royale, et Jean-Luc Outers au ministère de la Communauté française. J'ai appris le flamand à l'école, c'était obligatoire, mais je l'ai oublié. Je n'ai jamais eu l'accent belge, sauf parfois dans les moments d'intense émotion. Personne n'avait l'accent belge dans la famille. Nous étions francophones et francophiles, comme ça, d'instinct.

P.B.L. : Aviez-vous le sentiment d'être dans une sorte d'exil intérieur en Belgique ?

D.R. : Pas du tout, je me sentais belge à part entière. Mais les frontières me paraissaient des interprétations ridicules de la société. Dans un de mes textes, je parle de la stupeur éprouvée au cours de géographie devant une carte du pays. On faisait un pas sur la plage de la mer du Nord et on était encore en Belgique ; un pas de plus et on passait en France. Nous étions enfants et cette découverte de la frontière a été un choc incroyable autant qu'une surprise délicieuse.

Il y a bien des provinces flamandes gorgées de richesse et très sensuelles, et d'autres wallonnes, plus secrètes ; des complicités religieuses et linguistiques entre les deux communautés, mais aussi des contradictions quelquefois insurmontables, qui n'ont d'ailleurs aucune importance. Malgré tout, le pays tient, même si certains événements dramatiques contredisent encore aujourd'hui l'harmonie du pays. Ce qui est fascinant de beauté, de mystère et de grandeur, c'est la présence de l'Église catholique en Belgique, surtout des monuments splendides à Anvers, Bruges et Gand, dont on ne trouve pas l'équivalent dans la Hollande protestante toute proche.

P.B.L. : Pourtant, vous avez choisi de partir.

D.R. : Oui, en plaquant tout. J'ai confié ma mère à ma fille... Non, ma fille à ma mère ; c'est un lapsus que je fais constamment ! Je n'ai jamais éprouvé un quelconque sentiment de remords ou de gêne en commettant cet acte incroyable de tout laisser en plan pour recommencer une vie ailleurs sans me retourner sur mon passé. J'ai une bonne conscience inaltérable ! Je n'avais pas d'argent du tout et pourtant une confiance de fond sur ce qui pouvait m'arriver, même si ce n'était pas facile au jour le jour. Ma vie était devenue un enfer avec mon premier mari. J'avais rencontré l'éditeur Robert Denoël qui avait publié mon premier roman, *Les marais.* Il m'avait conseillé de venir vivre à Paris. Tout de suite, il l'a senti. D'ailleurs, il était belge lui aussi. Nous avons découvert que nous avions appris à lire dans la même école de Bruxelles, lui dix ans avant moi.

Quand je suis arrivée à Paris, j'ai eu une vie un peu désordonnée... Et puis, j'ai rencontré le sculpteur Bernard Milleret, un homme magnifique, un mètre quatre-vingt-cinq, la séduction même... Nous avons très vite vécu ensemble. Maman m'écrivait des lettres pathétiques : « Reviens, ta chambre de jeune fille est prête ! » Cela me plongeait dans des états d'indignation extrême. Pendant les quatre premières années de ma vie avec Bernard, elle a fait comme s'il n'existait pas, alors qu'elle était parfaitement au courant de mon nouveau destin. Mais, par la suite, ils se sont rencontrés et elle a adoré Bernard.

P.B.L. : Tout se passe comme si vous abandonniez tout. En réalité vous êtes hantée par ce que vous laissez là-bas.

D.R. : Il fallait que je m'arrache à ce qui me tenait prisonnière ; la cassure était nécessaire. Il y a eu des moments difficiles, mais je devais les subir sinon je serais morte. Je ne pouvais pas élever ma fille dans un contexte pareil, sans argent et sans sécurité. En Belgique, je la savais protégée. Alors je suis partie, je la voyais quand je retournais à Bruxelles pour les vacances scolaires, et, à l'âge de quinze ans, elle est venue vivre avec nous à Villiers-sur-Morin.

La Belgique avec tout mon passé était au fond de moi, il n'y a pas eu d'abandon. Le pays s'éloignait pour me laisser libre de me développer comme je le voulais, mais je ne reniais rien, c'était comme s'il s'était retiré dans les coulisses... Je l'ai absorbé, il ne m'a jamais quittée. Je gardais des liens intacts avec mon pays d'origine. Quand je retourne en Belgique, je retrouve les mêmes joies, les mêmes sensations. J'aime tout de la Belgique, je l'aime en gros ! C'est une sorte de belle parente qui m'a énormément donné d'elle-même, à qui j'ai pris beaucoup de ses richesses et à qui j'ai aussi beaucoup donné. Nous sommes en paix l'une à l'égard de l'autre.

P.B.L. : Quelle place occupe la Belgique dans votre imaginaire ?

D.R. : Je n'ai jamais été nostalgique de la Belgique, je ne suis nostalgique de rien, d'ailleurs. C'est mon pays d'enfance à partir duquel je me suis construite. Ma famille est belge, les paysages qui m'ont marquée d'abord sont belges, la peinture qui me touche profondément vient de là-bas. Mes premiers souvenirs sont liés à la forêt de Soignes et au bois de la Cambre. Mes premières belles vacances se sont passées à La Panne, au bord de la mer du Nord. Pour mon frère, ma sœur et moi, ce fut une révélation...

Il y a un littoral belge de soixante-dix kilomètres de long, bordé par un cordon de dunes de sable planté d'oyats. Je devais avoir dix ou douze ans, et cette mer du Nord que nous avons découverte nous a rendus fous de joie. Ça n'a rien à voir avec la Méditerranée ni avec l'Atlantique. Elle est d'une violence ténébreuse, liée au peuple qui vit là. Nous avons été soûlés par l'air, les couleurs et l'absence de couleur, le côté sauvage de l'atmosphère. Nous nous sommes mis à tourner en rond dans le sable où nous nous roulions comme des animaux, pris d'une sorte d'extase quasiment païenne. Je m'en souviens comme si c'était hier. Tout en haut des plages immenses, il y avait les digues, les hôtels, quelques maisons cossues. Et un peu plus bas, des cabines plantées à même le sable dans lesquelles on se mettait en maillot de bain. Il y en avait d'autres, mobiles, traînées par des chevaux de trait. Chaque fois que la marée était basse, les gens riches louaient ces cabines que les chevaux emmenaient du haut vers le bas, puis remontaient ensuite. Le spectacle de ce trafic incessant était féerique pour les enfants de l'époque. Aujourd'hui, tout cela n'évoque plus rien pour personne. Dans ces années-là, il n'était pas question de se promener en maillot de bain sur la plage. Nous les filles, nous étions revêtues d'une sorte de longue cape en tissu éponge froncée autour du cou qui tombait jusqu'aux pieds, et c'est ainsi que je me promenais... De là datent mes premiers complexes et mes révoltes contre une volonté maternelle répressive qui s'exerçait à une époque de grande pudibonderie, aujourd'hui ridicule.

Au fond, je crois que nous sommes tous faits de petits fragments du Nord, du Sud, de l'Est, de l'Ouest, d'hier, d'aujourd'hui et même de demain... Nous sommes constamment en train de partir vers quelque chose, comme moi sur cette plage, et de naître de cette heure qu'on ne connaît pas encore et qu'on apprend à vivre peu à peu. C'est cela qui était passionnant à l'époque, et qui continue de l'être.

P.B.L. : Bien des années plus tard, vous entrez à l'Académie royale de Belgique.

D.R. : J'y suis entrée en qualité de membre étranger, comme Colette, Cocteau, et plus tard Julien Green, Georges Duby, Simon Leys... C'était le chiffre de la consécration dans mon pays natal. J'en suis très fière, d'autant plus que j'y succédais à Marguerite Yourcenar que j'avais rencontrée une ou deux fois pas plus, et qui était un personnage assez extraordinaire. Je l'avais vue pour la première fois chez Gallimard, lors d'un cocktail donné en son honneur pour la parution de *L'Œuvre au Noir*. C'était une femme incroyable, une sorte de gendarme femelle qui avait, paraît-il, été très belle dans sa jeunesse, d'une façon un peu masculine, du genre charpenté. Elle m'avait envoyé un de ses livres autobiographiques que je n'avais d'ailleurs pas tellement aimé. Mais elle était passionnante pour son intelligence, sa liberté, sa culture. Elle était tout le contraire de moi, je me faisais l'effet d'être un farfadet timoré à côté d'elle. C'était quand même une femme impressionnante ! Mais je n'aurais pas voulu lui ressembler. Elle m'avait dit qu'elle était contente de me rencontrer, ce qui m'avait éblouie. Je n'avais pas répondu bêtement « moi aussi ! ». (*Rires.*) Elle était aussi fascinante par son orgueil, sa volonté, son athlétisme intellectuel et, surtout, par son besoin de dominer... Yourcenar tenait ses origines belges à distance, me semble-t-il, au lieu de s'en délecter comme moi.

Au moment de ma réception à l'Académie royale de Belgique, en 1988, j'ai été doublement émue, parce que j'appartenais à ce premier pays autant qu'à la France. J'avais le sentiment que je ne devais rien à personne tout en éprouvant une profonde reconnaissance envers la Belgique où j'avais passé mes jeunes années, pour ces paysages, ces peintres, ces écrivains qui avaient nourri mon imaginaire. Je me suis sentie en accord avec moi-même, fraîche et sans culpabilité. Je repensais à Robert Denoël qui m'avait sortie d'un certain enfer conjugal pour s'intéresser à mon avenir d'écrivain et à la femme que j'étais. Des épreuves négatives de mes débuts, je ne gardais que la richesse. J'avais su parier pour le bonheur. Des êtres comme Robert Denoël avaient cru en moi, je ne l'ai jamais oublié.

## *J'aime rire*

DOMINIQUE ROLIN : Même quand je ne suis pas bien, même quand je traverse des moments terribles dans ma vie, je garde toujours un sentiment de devoir vis-à-vis de la gaieté, comme si c'était une sorte de médicament suprême. Je suis pour l'esprit du rire contre l'esprit de sérieux ! Et le rire est une mécanique qui finit par devenir quasiment génétique.

PATRICIA BOYER DE LATOUR : Comment l'expliquez-vous ?

D.R. : Mais je ne l'explique pas, c'est une disposition de nature. J'ai toujours été gaie. J'étais gaie enfant, et adolescente aussi, contre vents et marées. Lorsque nous avons traversé les drames familiaux qui m'ont tellement marquée à l'âge de quatorze ans, je n'ai jamais perdu ma gaieté. Ma nature profonde s'éveillait alors dans la découverte du spectacle terrible de ce que peuvent être les rapports entre des gens qui vivent ensemble. J'ai compris à vie ce qu'est la Famille ! Et je ris très facilement.

P.B.L. : Vous avez un rire magnifique...

D.R. : Je ne m'en occupe pas. Un rire est une source qui jaillit sans que je prémédite quoi que ce soit. J'ai parfois des rires cruels, et sur moi aussi bien sûr.

P.B.L. : Dans nos entretiens, j'ai souvent remarqué que, lorsqu'il vous arrive de dire quelque chose qui vous paraît énorme, vous partez d'un grand rire comme si c'était votre manière d'acquiescer à l'incongruité du monde.

D.R. : Si je vois des gens particulièrement horribles, si j'en croise dans la rue qui me déplaisent, je suis obligée de réprimer un rire. En réalité, c'est un rire qui prend conscience d'une certaine vérité qui ne peut être exprimée autrement, sinon ce serait abominable.

Ah ! J'ai un souvenir de fou rire irrésistible. C'était il y a longtemps, Bernard vivait encore. Un directeur littéraire d'une grande maison d'édition, qui était aussi critique dans un quotidien — un type adorable d'ailleurs, vraiment bon, mais pas très malin —, voulait faire la promotion d'un livre pour un prix. Il avait organisé un cocktail dans les locaux de sa maison d'édition et cinquante personnes environ se trouvaient là, toutes debout. Je m'étais mise au premier rang pour tout voir et entendre. C'était la première fois que je le rencontrais, mais il avait bien connu ma tante Judith Cladel qui l'aimait beaucoup. Alors, il s'était mis en tête de résumer le livre de son favori, et il s'empêtrait comme ces gens qui vont au cinéma et croient servir le film en racontant l'histoire. Il la racontait donc de manière empruntée sans se rendre compte que ça devenait ridicule. Il voulait parler d'une femme qui avait un flirt avec un homme et il ne s'en sortait pas. Il avait des audaces de timide et, tout en voulant rester pudique, tenait à être explicatif. À un moment donné, il a dit : « Enfin, elle devint... peu à peu sa maîtresse. » (*Rires.*) Ce « peu à peu » montrait une telle méconnaissance de ce que peuvent être les rapports amoureux ! J'ai éclaté de rire au milieu de ces cinquante personnes, je ne savais plus où me fourrer. Nous évoquions souvent cette scène avec Bernard, qui lui aussi était très gai, en répétant la fameuse phrase qui avait déclenché mon fou rire. Enfin, elle devint... « peu à peu » sa maîtresse !

J'ai toujours aimé les gens qui savent rire. Ils sont débordés par une vérité dont ils ne peuvent prendre conscience que par le rire. Il y a des gens extrêmement intelligents qui ne rient jamais, c'est très ennuyeux... Ils sont figés dans le sérieux, et quelquefois avec honnêteté, ce qui est pire que tout. Ce sont des natures tristes. J'ai connu quelqu'un comme ça, et qui jouissait, qui jouit toujours d'ailleurs, d'une extraordinaire reconnaissance dans le monde des lettres. Je ne sais pas s'il aimait mon rire, mais il m'invitait à déjeuner, à dîner, à aller au théâtre... C'était juste après la mort de Bernard. C'est dur d'être avec quelqu'un qui n'aime pas rire, le rire est une vérité si profonde de l'être. En le voyant, je me suis toujours demandé comment une femme pouvait supporter d'être avec un homme qui ne rit pas. Parce que le rire, ce n'est pas que le rire. Il y a des gens qui sont drôles sans rire, ils ont une sorte de spontanéité dans la joie de vivre, dans la joie de critiquer, qui peut être terriblement juste. Mes amis belges Frans De Haes et Jean-Luc Outers ont beaucoup d'humour. Ils rient de choses très fines ; on est si peu préparés à ce genre de réactions dans la vie. C'est pourtant tout cela qui tisse les liens de connivence profonde. Le rire est tellement nécessaire, ça vous vide, ça vous nettoie. Le rire est sain, c'est la santé de l'âme autant que celle du corps. Est-ce que mes livres sont gais ?

P.B.L. : *La rénovation* est un monument de gaieté ! Et pourtant, vous traversez un désastre avec tous ces bruits monstrueux qu'on vous inflige sans discontinuer toute la journée dans votre immeuble et pendant de longs mois, pour cause de rénovation justement... Et puis, vous avez aussi écrit des livres monstrueusement comiques, si j'ose dire, comme *Le gâteau des morts* ou *La voyageuse*, pour ne citer que ces deux-là... De toute façon, l'humour n'est jamais loin dans vos romans. Et il y a une joie continue dans *Journal amoureux*...

D.R. : Jim aime rire, il est d'une gaieté ! Au début de notre rencontre, il m'emmenait déjeuner du côté des Champs-Élysées et il me faisait rire. J'explosais alors en troublant l'anonymat de l'avenue, les gens se retournaient sur nous, et il me disait à mi-voix « chut ! plus bas » en se penchant vers moi. Depuis que je le connais, il me met en état de rire.

Le rire, c'est de la musique, et la musique, c'est aussi le rire, même si elle est dramatique. Quand on écoute Bach, Haendel ou Monteverdi, on se rend très bien compte qu'il y a, à la source des œuvres les plus grandioses, une vertu du rire, absolument indispensable à l'artiste. D'ailleurs, c'est peut-être un don. Je me demande même si les vrais artistes ne sont pas tous habités par le rire, le goût du rire...

P.B.L. : Cecilia Bartoli et d'autres artistes enchantent aujourd'hui le monde avec jubilation... Mais à côté de cette merveille d'allégresse et de liberté, une certaine musique techno circule de manière hypnotisante en boucle fermée... Cela contribue à l'excitation des foules bien sûr, à un certain plaisir collectif aussi, même si chaque individu reste enfermé dans une sorte de promiscuité avec les autres où règne paradoxalement la solitude ; les arts plastiques (installations, vidéos) peuvent produire des concepts, mais je ne crois pas qu'ils incitent à la joie, en tout cas pas à la joie des sens, ça reste souvent cérébral. Sans doute la littérature a-t-elle exprimé elle aussi des symptômes quelquefois intéressants sur ce qui s'est passé dans cette fin de siècle en termes de refus de la vie ou de constat des grandes misères psychique et sexuelle de l'époque...

D.R. : Ce sont des livres d'échecs la plupart du temps.

P.B.L. : Vous êtes dérangeante par le rire et la gaieté.

D.R. : C'est très curieux, le rire est pour moi un organe de plus ; je pouffe. Quand j'ai vu *Mort à Venise* de Visconti, je me suis dit non, ce n'est pas vrai ! Cela sonne faux. Et c'était risible de mon point de vue, j'en ai ri d'ailleurs ouvertement. Il faudrait savoir pourquoi cette conception mortifère de Venise perdure, en dépit du spectacle de la beauté de la ville. Peut-être est-ce insupportable pour certains ? Mais les Vénitiens aiment rire, même s'ils ne sont pas exempts de misères, de pauvreté, de difficultés...

P.B.L. : Vous ne parlez jamais du pont des Soupirs !

D.R. : Jamais. (*Rires.*) Je me souviens aussi avoir été très liée à mon frère par la gaieté. Au moment où j'étais une jeune fille qui allait dans les bals, en particulier à l'Académie des beaux-arts à Bruxelles, une ou deux fois par an, ma mère, qui avait tellement peur pour moi à propos des hommes, avait demandé à mon frère Denys de m'accompagner. Il était mon chaperon en quelque sorte. Un soir, nous sommes donc allés à un bal. Il y avait énormément de monde et Denys, qui avait pas mal bu, avait pris le casque du pompier de service et s'était installé pendant une pause de l'orchestre au centre de cette immense salle en hurlant : « Moi, je cherche ma sœur. » (*Rires.*) Cela avait un côté clown. Et j'ai toujours adoré le cirque ! J'ai la folie du cirque, et je sais bien que beaucoup de gens n'aiment pas ça.

Il m'arrive de rire toute seule devant mon poste de télévision, parce qu'il ne faut pas croire que je ris simplement en compagnie ! Devant un type sévère, sérieux, un Anglais qui, un jour, a fait un numéro de mime éblouissant de drôlerie dans une émission de variétés, j'ai éclaté de rire au fond de mon lit. Buster Keaton a enchanté mon enfance, Laurel et Hardy aussi. Je me demande si le rire n'est pas plus fort quand il n'y a pas de son. L'humour anglais exalte le rire, parce que très souvent les Anglais sont tellement intelligents et raffinés qu'ils réussissent même dans une pièce dramatique à glisser du rire. Il faut que ce soit spontané, ça doit être la surprise.

P.B.L. : Avec un décalage par rapport au sérieux requis en société.

D.R. : Oui, et ce n'est pas seulement lié à la personne elle-même. Ma petite-fille Lise, qui a un humour fou, me racontait récemment une scène qui lui était arrivée alors qu'elle se trouvait dans un salon de thé avec ses filles Dounia et Cléa. À la table voisine, il y avait deux caricatures de précieuses ridicules d'aujourd'hui, qui parlaient grands couturiers et parfumeurs d'une façon si sérieuse que Lise et Dounia étaient au bord de l'hilarité. À ce moment-là, la petite Cléa, deux ans à l'époque, se retourne vers les deux femmes et leur dit bien distinctement : « Caca. » Et, brusquement, le spectacle de ces femmes mijaurées, qui restaient interdites et visiblement très choquées devant cette enfant, était du plus haut comique. Elles étaient horrifiées, alors que si elles avaient eu juste un peu d'humour, cela aurait pu être merveilleux, elles auraient ri. Mais elles n'ont pas ri, alors que le rire peut éclater de cette manière, brusquement, et alors il met en osmose la nature entière.

P.B.L. : Il participe à l'épanouissement du monde...

D.R. : Vous vous souvenez du film *Bagdad Café* ? C'est l'histoire d'une grosse femme qui cherche l'amour avec une sorte d'aplomb, de fraîcheur, de légèreté extraordinaires ; un petit bijou de film, vraiment. Eh bien, cette femme qui n'est pas jolie pourrait être caricaturale et grossière ; or, non, elle est parfaitement raffinée. C'est drôle et on rit. Le vrai rire me semble en effet avoir quelque chose de raffiné en soi, il prend son origine dans la délicatesse des personnes qui le suscitent ou l'induisent. Il n'a rien à voir avec les ricanements, qui sont de faux rires, souvent de la méchanceté. Le rire doit être bon, c'est si bon de rire, j'adore rire...

P.B.L. : Quand on vous entend rire, on a envie de rire avec vous ! Vous communiquez spontanément du rire en riant vous-même.

D.R. : On peut rire parce qu'on est débordé par une situation de ridicule spectaculaire. Mais il faut qu'émane de ce rire-là aussi quelque chose de généreux, je ne crois pas me tromper là-dessus. C'est la première fois qu'on m'interroge sur le rire, sur mon rire ! (*Rires.*) On sait que je ris, pourtant... Et les gens ont souvent été offusqués par mon rire, je l'ai souvent senti !

P.B.L. : C'était trop...

D.R. : ... Mais je ne réagis pas du tout. Mon rire est mon rire, ça explose. Au fond, je me demande si les gens aiment vraiment rire... Sollers adore rire ! Il aurait pu être un acteur extraordinaire, parce qu'il parvient à fragmenter sa sensibilité. Quand il raconte une scène drôle, on la voit avec tous les détails et les rebondissements ; il module sa voix différemment, il imite à la perfection, il joue tous les rôles. C'est beau, le rire ; ne pas rire, c'est monstrueux.

Je me souviens d'Angelo Rinaldi, ce critique littéraire très redouté et redoutable d'ailleurs, qui m'arrêtait dans la rue pour me dire à quel point il aimait mes livres, et qui n'écrivait jamais rien sur moi... Eh bien, cela me faisait beaucoup rire !

P.B.L. : Pensez-vous que le rire soit pour vous une sorte de séduction supplémentaire ?

D.R. : C'est possible, mais ce n'est pas volontaire, c'est inconscient. Ça jaillit, ça touche ou ça ne touche pas.

P.B.L. : On peut rire de tout ?

D.R. : (*Silence.*) On peut rire parfois à des moments qui ne sont pas drôles, c'est une action de libération de soi-même au moment d'extrêmes tensions. Il y a une liberté dans le rire, suscitée aussi bien par une histoire comique, un spectacle burlesque ou une scène dramatique. Je me souviens avoir assisté toute jeune à la projection du film *Vampyr* de Dreyer au cinéma des Beaux-Arts de Bruxelles. Je devais avoir vingt ans à peine. C'est l'histoire tragique et folle d'une femme qui se fait mordre par un vampire. On enterre cette femme, qui ne peut être sauvée que d'une certaine manière... Ce film de l'époque du muet avait eu, dès sa sortie, un succès fou. Il baignait dans une atmosphère de charognards, et toute la salle était figée de terreur. Or, au beau milieu du film, j'ai éclaté de rire. Tout d'un coup, cet excès d'horreur, la présence de la mort, de la pourriture dans ce film joué d'ailleurs par d'excellents acteurs, c'était trop ! Le rire devient alors presque une réaction philosophique. Je ne peux pas m'empêcher de répondre en riant sans mesure à cette avalanche d'ignominies. Quand un film est trop dramatique, ça me fait rire immanquablement, et ça scandalise mes voisins. En réalité, le rire est partout, il ne demande qu'à éclater, mais c'est une constante chez certains, et pas du tout chez d'autres. Il y a des gens qui rient toujours et d'autres qui ne rient jamais.

P.B.L. : Il n'y a pas de quoi rire, entend-on dire quelquefois.

D.R. : Cela me met hors de moi ! Il y a toujours de quoi rire, en fait. Dans les cafés, quelquefois, il y a un couple en train de se disputer, et ça me donne envie de rire, d'un rire gigantesque, qui couvrirait le système humain tout entier. C'est provocant, un rire, parce que c'est toujours vrai. Mon premier mari et moi, nous nous disputions souvent quand nous sortions. Il était assez brutal, verbalement en tout cas ; je me défendais, le ton montait, et puis, à un moment donné, je m'arrêtais net... et je partais. Quand ça arrive, la plupart du temps, l'autre essaie de retrouver ses marques. Alors, lorsque j'assiste à une scène de ce genre, je me souviens de ce que j'ai traversé... et je ris intérieurement. Au fond, toutes les expériences de malheurs, de défaites, de chagrins profonds que j'ai connues, deviennent drolatiques pour la femme que je suis maintenant dans sa volonté de parier pour le bonheur et l'équilibre. Quand on pense qu'on supporte tout ça avec un tel sérieux ! Il n'y a que la mort d'un être cher qui soit abominable.

P.B.L. : Quand vous évoquez dans votre œuvre les morts que vous aimez, on sent que vous essayez de les mettre à distance, dans des situations souvent cocasses. C'est une façon de vous défendre ?

D.R. : Oui, il faut savoir introduire l'arrière-plan d'un rire possible, son surgissement. Tout ce qui est contraste est bon dans l'écriture.

P.B.L. : Et c'est de l'humour belge, ce rire énorme et aberrant sur fond de désespoir ?

D.R. : Tout à fait. Le peuple belge est teinté par une certaine connaissance de la drôlerie de la vie qui peut aussi être terrible. Peut-être est-ce dû en partie à la rudesse du climat. Là-bas, on se défend ou on attaque par le rire, sinon on risquerait de sombrer. Si vous regardez à la loupe un tableau de Breughel, il y a à la fois ces trognes pleines de paillardise et cette conscience profonde de l'horreur de l'existence humaine qui entraîne les rires. Quand on regarde son *Chemin de*

*Golgotha,* il y a toujours un personnage prêt à comprendre dans son coin un certain comique de la situation. Et ça dénoue le rire ailleurs, chez d'autres, parce que c'est un muscle qui vient à notre secours quand il le faut et comme il le faut. On ne peut pas regarder ses tableaux sans comprendre ces correspondances entre la truculence et l'horreur, ainsi que les glissements de l'une à l'autre.

P.B.L. : Au début de *Passion fixe,* de Philippe Sollers, il y a une évocation splendide et très lumineuse du rire de Dora et, là, on ne peut pas s'empêcher de penser à vous, même s'il s'agit bien sûr d'un personnage de roman : « Son rire commence à se distinguer pour moi de tous les autres, je n'ai jamais entendu quelqu'un rire comme ça, d'une seule coulée, cascade de gorge venant de derrière la tête, un rire de dos, retourné, de profil, du bas et du haut, un vrai rire de joie sans raison, un rire pour être présente, simplement, et que tout le reste s'en aille[1]. » Et dans *Journal amoureux,* vous parlez du « sexe du rire[2] », cette disposition joyeuse à communiquer ses émotions d'une manière à la fois enfantine et libre, lorsqu'on est heureux dans l'amour.

D.R. : Ah oui ! Sans gaieté, il n'y a pas d'amour. Les passions romantiques avec des larmes, des plaintes, des mains qui se joignent... ce n'est pas possible !

P.B.L. : Il y aurait donc quelque chose de l'enfance à préserver dans l'amour par le rire.

1. Éditions Gallimard, 2000, p. 29.
2. Éditions Gallimard, 2000, p. 39.

D.R. : C'est probablement ça, le secret. (*Sourire.*) Que c'est bon de rire ! Je n'ai jamais analysé cela, mais on se sent tout à coup en accord avec le monde entier. Il n'y a plus de haine autour de soi... On se sent en situation de bonté. Un rire échangé avec quelqu'un, c'est comme une sorte de baiser à distance.

## *Ma maladresse*

DOMINIQUE ROLIN : Je suis maladroite. J'ai, avec les objets du monde extérieur, un rapport négatif. Et c'est ma faute, parce que les objets n'ont aucune raison de m'aimer ou de ne pas m'aimer, mais ç'a toujours été ainsi. Je ne casse pas les choses, mais j'ai l'impression que mes gestes sont empruntés, à côté de la plaque... Comme je suis une gauchère contrariée, je suis incapable de couper ma viande avec la main droite ni de tenir une paire de ciseaux normalement. Cela m'a beaucoup complexée. Je me sentais inférieure et incapable de progresser. Cette maladresse est liée si profondément à mon corps, à mes gestes, à ma manière de raisonner, que j'en fais une affaire physiologique incurable. En plus, j'ai le vertige, j'ai louché toute mon enfance et je n'ai pas la notion de l'espace. Sans doute est-ce pour cela que j'aime tant les dessins du Moyen Âge où la profondeur n'existe pas. Mes dessins ont d'ailleurs toujours été sans perspective. Tout ça se tient, je crois.

J'ai pourtant une très grande intimité avec les objets de mon intérieur. Ils ont tous une histoire qui se rattache à la mienne et j'ai un rapport secret avec chacun d'entre eux. Cette grande lampe en opaline bleue, Bernard me l'a offerte quand j'ai eu le prix Femina.

Nous l'avons trouvée chez un antiquaire de la rue du Faubourg-Saint-Honoré, à côté du cercle Interallié où nous avons appris qu'il m'était décerné. Cette autre lampe en cuivre, nous l'avons trouvée chez un brocanteur de l'avenue de Châtillon (aujourd'hui avenue Jean-Moulin) où Bernard avait son atelier. Ce tigre de bronze en train d'égorger un homme est une figurine d'Afrique noire qui fascinait Germaine Richier. Nous l'avons découverte chez un antiquaire du boulevard Raspail. Ce christ en bois, mon père l'a dérobé une nuit sur un calvaire à Genk, il n'a pas pu résister malgré les supplications de ma mère... Il est resté suspendu dans son bureau toute sa vie ; et il a tenu à ce que ce soit moi qui l'aie après sa mort. Voici les dessins de mon père qui représentent les bois de pins, les étendues de bruyère de la Campine limbourgeoise de nos vacances d'enfants heureux. J'aime ce fauteuil en cuir que m'a donné ma tante Ève, dite Vovote, et mon tapis persan d'animaux et de fleurs mêlés que j'ai acheté moi-même. Ce faon, ce coffret chinois où je range mes enveloppes, ce cendrier kitsch et cette bague années trente en jade offerte par Jim, je les aime. Beaux ou laids peu importe, rares ou non, chacun a sa place, très précise, au centimètre près. Si leur agencement est légèrement déplacé, je m'en aperçois, et je remets tout en ordre.

Mais en ce qui concerne les objets étrangers à mon univers, c'est une catastrophe. Marcher sur une poutre a toujours été impossible pour moi, alors que mes camarades trouvaient l'équilibre en étendant les bras et traversaient toute la distance sans difficulté. Dans l'école où j'allais, il y avait une fête une fois par an, où l'on invitait tous les parents dans la salle de gymnastique et chacune des élèves devait accomplir une sorte de petit exploit. Comme je savais déjà que j'étais maladroite, je me tenais en retrait. Il s'agissait de rassembler des bancs et de les mettre dans un certain ordre en les assujettissant les uns aux autres afin qu'ils forment une figure géométrique nécessaire pour le jeu. Ma mère riait aux éclats parce qu'elle avait bien vu que je dépensais une énergie extraordinaire à ne faire strictement rien. « Tu étais là, m'a-t-elle dit, comme une sorte de décor inutile, sautant, bondissant d'un côté et de l'autre en faisant toutes les simagrées de l'exercice, mais non l'exercice lui-même. » J'ai toujours été comme ça, et c'est pour cela que j'ai une admiration sans bornes pour les gymnastes, le cirque et tous les grands sportifs. Que des êtres humains parviennent à se dominer aussi bien physiquement que mentalement et moralement, je trouve ça admirable...

PATRICIA BOYER DE LATOUR : Y a-t-il eu un moment dans votre jeunesse où vous vous êtes sentie d'accord avec votre corps ?

D.R. : Toujours pendant l'une de ces fêtes de fin d'année, le professeur avait réalisé un spectacle de danse sur une musique de Lully avec une dizaine d'élèves, dont moi. (C'était une veuve qui, à la mort de son mari, découvrant qu'il avait eu une liaison toute sa vie avec une autre femme, s'est transformée radicalement. Elle est devenue élégante, s'est maquillée. Toute jeune, j'avais senti ce bouleversement total de son être.) Elle m'avait placée au premier rang des danseuses, ce qui m'avait stupéfiée. Et j'ai eu beaucoup de succès... Le professeur m'avait adressé des compliments. Tout d'un coup, je me suis dit que quelque chose d'harmonieux pouvait se dégager de moi ! (*Rires.*) Je m'étais sentie à l'aise, décomplexée, joyeuse d'être. C'est un souvenir très net de la fin de mon enfance que je n'ai jamais oublié, même si les méchancetés des enfants à mon égard ne cessaient pas. J'en ai souffert, mais pas trop tout de même, je me mettais en réserve. Je sentais bien que je n'étais pas intégrée au groupe, pas digérable. Mon éducation en famille ne ressemblait pas à celle des autres enfants. Mon père était très raffiné... Maman venait d'un milieu où l'on aimait la littérature grâce à son père, l'écrivain Léon Cladel. Elle avait une passion pour les textes, et avant de devenir professeur de diction et de théâtre, elle avait été comédienne. Cela me mettait dans un climat différent. Je n'étais pas comme les autres. J'étais toujours au bord de tout. Pendant longtemps, j'ai eu un complexe terrible. On sortait de la classe en formant une rangée, bras dessus bras dessous. Et comme par hasard, j'étais toujours la dernière du rang, avec un bras pendant dans le vide... Jamais les autres ne se faisaient avoir. La maladresse, c'est comme une maladie du corps. Comme si le corps et son mouvement d'une part, et la gaieté de l'esprit d'autre part, étaient séparés. Je ne faisais d'ailleurs aucun effort pour arranger ça, je me complaisais même dans cette inaptitude, et j'étais aussi peu sportive qu'on peut l'être.

Mais j'aimais danser. Avec mes premiers amoureux, j'ai beaucoup dansé aux bals de l'Académie des beaux-arts de Bruxelles. Je n'étais pas douée, la rythmique du corps m'était étrangère comme si je n'étais pas dedans, avec une incapacité physique à m'y mettre, mais qu'importe ! Mon corps était impliqué dans cette impossibilité à trouver une harmonie entre le monde et moi. Mon père me trouvait laide et me le disait. Ma mère avait été élevée d'une façon puritaine. Elle m'a appris beaucoup plus tard que ma tante Ève, qui avait épousé un richissime avocat d'Alexandrie, conseiller du roi Fouad, avait souhaité que je puisse passer des séjours en Égypte dans leur palais, mais ma mère avait refusé parce qu'elle avait trop peur de me savoir loin d'elle sans pouvoir me surveiller. La directrice de l'école où elle donnait ses cours de diction lui avait dit de moi : « Dominique est une vraie jeune fille », et maman m'avait répété ça avec fierté. J'avais tout de même dix-huit ou vingt ans, c'est effrayant !

P.B.L. : Mais avec le temps, tout de même, vous avez fini par trouver un équilibre.

D.R. : La maladresse est une tare à vie, parce qu'on se sent regardé, ce qui provoque des catastrophes. Remplir un verre d'eau par exemple, eh bien ! pour moi, c'est un problème qui requiert toute mon attention physique et une sorte d'intérêt mental, alors que chez les autres, c'est automatique. Quand j'ai réussi à le faire sans verser à côté, c'est une petite victoire intime, presque incommunicable. Je n'ai jamais raconté ça à personne ! (*Rires.*) Tout déplacement dans un café me crée des difficultés. J'observe les gens aux alentours : ils pensent à pousser la table pour sortir et à se dégager de leur siège avec simplicité, et même souvent avec grâce, élégance. Et moi, je reste bloquée sur ma chaise. L'instinct se tait à ce moment-là. Me débarrasser de mon manteau dans un endroit public équivaut presque à une catastrophe. Je reste là, engoncée. On me demande : « Voulez-vous enlever votre manteau, madame ? » Alors, je dis toujours non. Remettre les manches, c'est un problème de géométrie pour moi. Je remarque partout chez les autres un naturel du corps. Il y a de très jeunes gens qui enlèvent leur pull avec une sorte d'audace tranquille et de désinvolture, dont je suis incapable. Lise, ma petite-fille, dans un café ou ailleurs, est la liberté même. Tout est gracieux en elle, tout est pensé d'avance et ses gestes sont justes. Pour moi, c'est une torture ! Ouvrir mon sac, y chercher un porte-monnaie ou une clé sont autant d'épreuves. Je sais ce qu'il faudrait faire pour rendre ces gestes efficaces et concordants avec l'action que je veux entreprendre, mais je n'y arrive jamais facilement. Mon absence de coordination est complète, j'attends toujours une gaucherie de ma part. Cela n'a pas d'importance en soi, d'ailleurs je ne pense pas que ce soit visible, personne ne m'en a fait le reproche en tout cas, mais cela se passe entre moi et moi, et c'est constant. Je ne suis pas en accord avec mon corps. Jim l'est, il l'a toujours été ; ce fut d'ailleurs une grande leçon pour moi... Bernard l'était aussi.

P.B.L. : Mais est-ce que les victoires gagnées dans le domaine de l'écriture ne compensent pas ce que vous dites de votre difficulté à vous mouvoir facilement ?

D.R. : Euh, non, non ! (*Rires.*) Et pourtant, c'est vrai qu'écrire est au fond un travail continu qu'on peut considérer comme physique. Je suis peut-être aidée par le fait que le graphisme de mon écriture est rond et régulier. Mais si j'ai tant aimé dessiner dans ma vie, sans doute est-ce pour rectifier cette espèce de méfiance que j'ai de moi-même. Du temps de Bernard, je m'étais essayée à l'illustration de mode, mais ça n'a pas marché du tout. Je faisais des dessins de corps de femmes ; or, les couturiers voulaient des représentations stylisées de robes et de manteaux, une interprétation qui n'a rien à voir avec la réalité du mouvement que moi, je cherchais. C'est pour cela aussi que j'aime le spectacle des corps en liberté contrôlée dans les matches de foot ou de tennis, alors que je n'ai jamais aimé les défilés de mode de cette époque, qui étaient extraordinairement contraints. Comme l'est aujourd'hui encore le show annuel pour l'élection de Miss France où les femmes se ressemblent toutes, coiffées de la même manière, avec les mêmes gestes stéréotypés...

En réalité la beauté, lorsqu'elle est vraie, c'est-à-dire associée selon moi à la liberté, peut s'incarner dans un corps quels que soient sa forme ou son âge. Mais pour cela, il faut avoir dépassé ses peurs. Et pour une femme, c'est difficile. Qu'elle soit belle, laide, intelligente ou non, elle est liée à son physique, beaucoup plus qu'un homme. Mais si le pouvoir de séduction ne vient que du corps, c'est infernal d'emblée, parce que l'âge qui arrive la met en déséquilibre jusqu'à la faire sombrer. Une femme comme Nathalie Sarraute n'a jamais été jolie. Ni coquette ni féminine. Et pourtant, elle était belle, parce qu'elle avait une force extraordinaire d'intelligence, l'œil étincelant, observateur, et elle est restée comme ça jusqu'au bout. C'est chaque fois une question de relation entre le corps et l'esprit que chacun doit résoudre à sa façon, et qui sourd de l'intérieur, traverse la peau, nie le temps, nous auréole d'une lumière indéfinissable qui reste liée à l'inconscient. Gena Rowlands sera toujours belle, Charlotte Rampling aussi. C'est très mystérieux... et pourtant tout à fait tangible.

Mais écrire, c'est quand même me méfier de moi sans interruption, du matin au soir. Quand je me couche et si je ne m'endors pas immédiatement, je poursuis mon travail dans ma tête... Et je trouve des solutions que je note, en sorte qu'une harmonie finit tout de même par s'opérer. Dès le réveil, la mécanique de méfiance et de peur se remet en place.

P.B.L. : Y aurait-il un lien entre votre maladresse physique et votre méfiance à l'égard de vous-même ?

D.R. : Oui, je suis logique avec moi-même. Mes complexes d'écrivain sont en correspondance directe avec les difficultés de mon corps agissant. Je ne me rate jamais, je suis sans indulgence vis-à-vis de moi-même. J'aimerais être plus détendue, je ne le suis pas. Libre, je le suis quand j'écris. Ce que je veux exprimer, j'y arrive. Mes premiers brouillons indéchiffrables trahissent probablement les hésitations physiques de mon corps en train de chercher un point d'harmonie. Je manque de simplicité et je le regrette.

Dans les rapports humains, je peux être extrêmement désagréable avec quelqu'un qui me met mal à l'aise et que je ne sens pas. Je peux être cassante... Enfin, aujourd'hui, je suis plus coulante, même si je reste sur la défensive. Mais quand j'aime, tout est plus facile.

## *Les visages*

DOMINIQUE ROLIN : Les visages m'ont toujours passionnée, peut-être plus encore que les corps. C'est tellement fort, une figure : le front, la manière dont les yeux sont enchâssés, le dessin des sourcils, le nez, les pommettes, les joues, la bouche, les oreilles, le cou... et la peau qui drape l'ensemble. Tout ça forme un monument à lui tout seul en haut du corps, qui commande le cerveau. C'est quand même par le visage que l'on essaie de pressentir le plus rapidement ce qui se passe derrière ; sous la membrane extrêmement fine des yeux, on a l'impression d'approcher davantage du secret d'un être. Cela m'a fascinée très jeune, en sorte que le peu de temps où j'ai vraiment dessiné, j'ai toujours préféré les visages aux corps. Ils me sont apparus d'emblée comme le comble du mystère et en même temps le comble de ce pressentiment qu'on peut avoir de ce qui se passe à l'intérieur d'une personne.

Regarder quelqu'un, être regardé, quand on y réfléchit, c'est impressionnant ! Il y a des yeux qui mentent, le nez peut mentir aussi, les oreilles... Je suis très sensible aux oreilles des gens, elles ne disent rien pourtant. Mais, on sent... Pourquoi a-t-on de la sympathie pour certains visages, alors qu'on ne sait rien de la personne ?

Pourquoi cet intérêt envers cette petite boule située au-dessus du corps, et qui en réalité ne fait pas vraiment partie de ce corps? Imaginons que les têtes ont été posées gratuitement sur des épaules, parce que vous avez des visages qui ne correspondent pas du tout aux corps.

PATRICIA BOYER DE LATOUR : Ça en dit long sur le corps, le visage ou l'ensemble?

D.R. : Il me semble que le corps est plus mensonger que le visage, plus fabriqué en tout cas, à cause des vêtements, des gestes...

P.B.L. : ... qu'il faut apprendre à décoder.

D.R. : Oui, alors qu'il n'y a pas mille manières d'exprimer les sentiments les plus forts avec un visage. Et on se dit tout de même que c'est entre les yeux, le nez, la bouche et les oreilles que se joue la partie importante. Vous avez des yeux qui trahissent, d'autres qui donnent, qui prennent, qui existent. Vous avez des visages devant lesquels vous n'avez pas envie de vous arrêter, et ce n'est pas une question de beauté ou de laideur, il s'agit d'autre chose. Immédiatement, on est branché en partie sur le contenu d'un visage. On peut bien sûr se tromper, on se trompe souvent.

P.B.L. : Vous êtes-vous trompée souvent?

D.R. : ... Je crois que j'ai un regard assez juste. Je croise quelqu'un, puis je le perds de vue; longtemps après, je le rencontre à nouveau, et tout s'ajuste. Comme si cela ne formait qu'une seule vision, la vraie, à travers le temps. Il y a quelque chose qui subsiste de la première sensation qui ne trompe pas... Si le visage vous a plu, déplu ou simplement procuré de la méfiance, l'impression sera la même. On peut aussi ne pas reconnaître la personne, au sens où l'on voit bien que les traits sont les mêmes, mais... la magie est perdue. Un visage est un rayonnement, il donne donc des rayons de vérité ou de mensonge. Quelqu'un comme Jeanne Moreau change beaucoup d'un film à l'autre, elle est très différente à chaque fois, elle peut même être laide par moments, et pourtant c'est toujours elle, son intelligence, son humour, sa féminité... Dans *Une femme sous influence*, de John Cassavetes, Gena Rowlands est prodigieuse, et, comme le cinéaste John Cassavetes est un grand artiste, il la *voit* vraiment. Découvrir la splendeur d'un visage, c'est aussi une question de regard. Il faut avoir une curiosité intense, saisir d'emblée l'envers de ce qu'on voit, entrer dedans, échapper au spectacle de l'extérieur. Mon rêve serait de pénétrer à l'intérieur d'une tête et de suivre des trajets nerveux qui conduiraient à la vérité de l'être en question. Entrer dans la tête de... Dustin Hoffman, par exemple ! Il n'est pas beau, mais il resplendit et il n'y a pas une expression de son visage qui ne soit une forme de la vérité. Il n'est pas laid non plus parce que, selon moi, la laideur est du côté de la défaite, c'est-à-dire du refus de la vraie lumière. Il faut dire que mes premiers chocs autour des visages, je les dois d'abord à la peinture, celle des primitifs flamands : les Vierges de Memling, les anges, les saints, les musiciens qui sont inouïs de vérité vivante, pas du tout immobiles, on dirait qu'ils bougent. Quand je suis dans une foule, je regarde les physionomies. Il y a des miracles tout le temps, des miracles d'enfants, de jeunes filles, des miracles dans les gestes, dans la façon dont un garçon et une fille se regardent. Tout est là, à portée de vue... Quelqu'un m'a dit un jour : « Il n'y a pas moyen d'attraper votre regard, vous êtes tout le temps en train de regarder ailleurs », sous entendu une autre personne que moi !

P.B.L. : Vous faites peut-être les deux ?

D.R. : Je fais peut-être les deux, c'est vrai. (*Rires.*) Oui, je fais les deux.

P.B.L. : Vous êtes passionnément intéressée par le visage des autres, mais pas par le vôtre...

D.R. : Ah non ! J'ai un visage qui ne m'appartient pas, je ne m'aime pas. Un jour, quelqu'un m'a dit : « Vous avez la tête d'un crocodile. » Eh bien ! j'ai pris ça comme un très beau compliment, ça m'a fait plaisir. Il ne le disait d'ailleurs pas pour me nuire, au contraire. On ignore tout de soi, heureusement ! Au fond, les visages sont des aveux profonds. Il y a des femmes qui ont une voix merveilleuse, et on se dit, sans les voir, « cette femme est belle », uniquement parce que le ton révèle une sorte de mystère. En réalité, c'est la voix qui dévoile le secret d'un visage. Dès que la voix s'exprime... Je suis incapable de m'intéresser à quelqu'un dont la voix ne me plaît pas. Vous avez une très jolie voix, on a dû vous le dire, une voix dont on se souvient. Je ne peux pas m'empêcher d'interroger un visage, même si c'est simplement à travers une sorte de flash dans la rue. Je suis habitée alors pendant un fragment de seconde par le secret que cache ce visage-là et pas un autre.

À Venise, tous les visages sont beaux. Je me souviens de l'expression du garçon qui servait dans le petit restaurant à côté de notre hôtel... Il y avait des bataillons de moineaux qui venaient picorer du pain sur les tables, et devant mon ahurissement à voir leur audace, il a levé les yeux au ciel en disant : « San Francesco ! » On se sent revêtu de quelque chose de particulier à Venise. Je crois qu'il y a des villes qui nous vont. Alors, Venise me va, comme si la correspondance entre l'intérieur et l'extérieur pouvait se faire. On perd son masque...

P.B.L. : ... dans la ville des masques.

D.R. : C'est pour cela que le Carnaval de Venise m'intéresse si peu ! La lumière sur les visages à Venise change à tout instant, comme changent les églises du lever au coucher du soleil, l'eau et la couleur du ciel ; on devient soi-même mouvant comme l'eau ou l'air, et dans une disposition d'esprit qu'on ne retrouve ni à Paris ni à Bruxelles. À Venise, les visages attirent le coup de crayon. Quel que soit l'endroit où je suis d'ailleurs, quand je m'intéresse à quelqu'un, j'ai envie de le dessiner. Malheureusement aujourd'hui je ne peux plus, à cause de mes mauvais yeux, sinon j'aurais aimé faire votre portrait... Je n'ai pas fait non plus le portrait de Lise, ma petite-fille, dont le visage me passionne... De ma fille Christine, j'ai réalisé deux ou trois portraits, de mon frère aussi. La première fois que j'ai rencontré Josyane Savigneau, avant même qu'elle ne devienne une amie, j'ai tout de suite eu envie de la dessiner. Ses yeux sont des papillons verts, la structure du visage est belle... J'ai bien sûr dessiné Bernard. De Sollers, j'ai fait dix ou douze portraits, mais il est très difficile à dessiner, il bouge trop en posant. Un seul a pu être montré, il est paru dans le magazine *Lire*, au temps où Bernard Pivot me l'avait demandé.

Je n'ai jamais pu faire mon autoportrait, je ne l'ai même jamais voulu. Qu'on puisse me regarder avec intérêt reste pour moi un mystère complet. Jean Cocteau a fait pourtant de moi un beau portrait... et Bernard Milleret m'a beaucoup dessinée.

Quand j'étais jeune, et même plus tard, j'étais souvent accostée dans la rue, suivie, et je me suis toujours demandé pourquoi. Ma mère me disait souvent : « Mais enfin ne regarde pas les hommes comme ça ! » J'ai toujours eu un regard attentif, je me demande si ça ne joue pas. Je regardais déjà avec l'envie de comprendre l'arrière-fond d'un visage, parce que je crois que chacun de nous a une vérité qu'il ne peut cacher. Évidemment, si la personne regardée se trompe sur l'intention de celle qui regarde... Mais ce n'était pas de la provocation, d'ailleurs je regarde aussi les animaux avec intensité.

J'avais un chien à Villiers-sur-Morin, du temps de Bernard. Il s'appelait Caramel, et il adorait l'être humain... Que ce soit un mendiant ou un ministre, Caramel, notre boxer, avec sa fougue habituelle, sautait et embrassait sur la bouche celui qui se présentait devant lui. Juste en face de notre maison, il y avait une sorte de chaumière où vivaient des clochards. Eh bien ! chaque fois qu'il les voyait, il leur faisait fête, les renversait, et ils riaient follement. Tout ça était tellement merveilleux. Jim a connu Caramel. Mais il n'aime pas les chiens, il a été mordu quand il était enfant. Ça ne l'intéresse pas, alors il se moque de mon amour pour les chiens ! Je ne peux en voir un dans la rue sans m'arrêter... Un jour, il m'a dit : « C'est décidé, je t'achète un chien ! » Mais c'est impossible à Paris ! Je n'ai pas voulu, bien sûr.

Récemment, à l'angle du carrefour de la rue du Bac et du boulevard Saint-Germain, j'ai vu un type en uniforme rouge et or, assez curieux, qui tenait un molosse muselé et même à moitié casqué, et je lui demande :

« C'est un pitbull ? » Il me répond : « Non, c'est un rottweiller. » (*Rires.*) En fait, c'est le même genre de chiens, avec une tête qui ressemble un peu à celle d'un boxer. Eh bien ! je n'ai pas pu m'empêcher de le caresser. « Il n'est pas méchant, vous savez, m'a dit son maître, il est gentil. » Le chien est venu se frotter à moi et j'aurais pu jouer avec lui. (*Rires.*) Notre conversation dégénère...

P.B.L. : Je remarque quand même que vous aimez les chiens à gueule monstrueuse, et pas les caniches ou les cockers. Des chiens à tête de gargouille ? Des chiens dont on pourrait avoir peur... Comme vous aviez peur des grognements de votre père au-dessus de votre berceau ?

D.R. : C'est vrai. J'aime les chiens qui ont une sorte de groin, les boxers, les bouledogues... Ils sont en général très doux sous leurs masques assez effrayants. Caramel était un ange de gentillesse. Peut-être que leur monstruosité m'incite à créer avec eux un contact de bonté...

P.B.L. : Je voudrais vous lire ce passage extrait de votre livre, *Les éclairs*, paru en 1971 chez Denoël. Il me semble éclairer les liens inconscients qui existent entre les chiens et votre histoire personnelle, si on les rapporte à la scène traumatique des premiers mois de votre vie. Page 131, par exemple :

« Je commence à percevoir une rumeur dont l'orchestration évoque une meute de chiens sauvages lâchés. Je dis entre haut et bas : j'entends les chiens, j'entends mon sang, et je me dirige vers la rumeur, je m'y jette comme si elle ouvrait au-dedans de mon corps une rouge cavité ancestrale. [...]

« Je suis à présent au centre de la meute artérielle. Les corps lustrés de mes sangs, de mes chiens, glissent sur mes mains ouvertes, passent et repassent en m'électrisant d'un feu sec. Je suis tentée de les appeler pour qu'ils viennent se coucher à mes pieds. Mais une intuition plus forte que le désir me retient dans la part muette de la rumeur, du côté de son envers enchaîné où mon corps se retourne et jouit de savoir.

« Connaître mes chiens, apprendre mes sangs, tel est le problème qui se pose et ne pourra se résoudre autrement qu'à travers le délire,

« délire qui me permet de frôler la façade "hurlante" de l'église baroque où s'entrevoit là-haut près du ciel noir le fronton touché par l'éclair,

« et de circuler aussi dans la forêt simultanée où se poursuivent, mêlés, mordus, mordants, les chiens et les sangs du commencement. [...]

« Je sens que ma présence dans ce coin perdu de la ville à une heure si tardive est motivée par cette fenêtre dans l'embrasure de laquelle se tient quelqu'un : il s'agit d'un gros chien qui paraît guetter ma venue. À mesure que je me rapproche, je vois mieux sa tête embroussaillée où les yeux sont des sourcils froncés, le museau fin comme un nez et le noir luisant des lèvres font penser à une figure d'homme. Quand j'atteins son seuil s'opère un changement : tout ce qui était clair devient obscur et inversement; on dirait le négatif du même lieu. Le bout de la rue est baigné de blanc ainsi que les maisons, le creux des pavés, l'herbe, comme si de ce côté se levait le jour.

« M., à l'époque de notre rencontre, examine le dessin. Il promène les doigts sur la figure du chien, comme s'il s'y reconnaissait.

« Deux ans après la mort de M., à l'époque de ma rencontre avec lui, il examine le dessin avec attention. Il promène les doigts sur la figure du chien, légèrement.

Il rit, mais comment dire, à l'envers, comme s'il venait de se reconnaître.

« Donc : permanence dans ma vie d'un chien comme une sorte de sceau, la marque sourcilleuse, ancestrale d'un rêve où serait venu s'imprimer le courant de mes sangs : juif oriental, nord, sud, protestant, catholique. [...]

« Mes livres sont des chiens. J'écris des livres génétiquement conçus en filiations canines, retenus tous dans un seul harnais. Je n'aime pas mes livres en tant que livres : je les aime en tant que chiens. Il faudrait pouvoir, à travers le temps qui se dérobe, caresser leur échine que la peur et le désir excitent. Il faudrait pouvoir leur parler, comme je le faisais avec le chien de V. Ainsi je finirais peut-être par comprendre mon discours, non pas dans ce qu'il exprime et qui toujours manque son but, mais dans sa transposition enflammée, celle que je tirais en réponse de l'animal à tête de dragon. Sa mort, l'an dernier, apprise par hasard, est l'équivalent de la mort d'un livre. »

D.R. : *Les éclairs*, ce texte que j'ai conçu comme autant de visions fulgurantes, n'a eu aucun succès, mais je me souviens qu'il avait intéressé Klossowski et Butor... Je suivais les chemins de l'inconscient à partir du surgissement en rêve de la gueule d'un chien.

Je n'aime pas les chats en revanche, qui sont pourtant beaux, ils ne m'aiment pas non plus. Quand je vivais encore à Bruxelles, nous avions un chat qui venait systématiquement s'asseoir devant moi au moment où je me mettais à écrire et il me regardait. Je le haïssais, et il avait trouvé le moyen de me punir en faisant ses besoins sous mon lit tous les jours ! Mais j'aime les rats. C'est délicieux, un rat. À Venise, nous avons eu une rencontre avec un rat, attiré par nous...

## *Des apparences*

Patricia Boyer de Latour : Un jour, vous m'avez dit aimer une certaine frivolité, l'univers de la mode...

Dominique Rolin : Oui, mais ce qu'on appelle la mode est beaucoup plus qu'une simple histoire de coquetterie, d'habillement et de bijoux... C'est un rapport aux apparences, essentiel pour moi, parce qu'il fait aussi partie de mon travail d'écrivain. Je suis une visuelle et j'adore observer... Si vous n'aimez pas un objet, un tissu ou une couleur, tout un côté de votre intériorité est escamoté. Beaucoup de femmes ont besoin, sans le savoir d'ailleurs, de changer de style à un moment de leur existence. Il ne s'agit évidemment pas seulement de mettre une jupe à la place d'une autre, c'est une attitude morale, intellectuelle et sentimentale qui révèle une conduite intérieure de l'être humain en évolution. Vous pouvez juger une femme simplement en la regardant passer dans la rue. Cela sonne juste ou faux, comme une sorte de musique de l'être, qui tiendrait d'un certain rythme et d'un certain trait. Tout se tient dans l'ombre, et d'une façon extrêmement discrète, mais demande à être lu. Quelqu'un de mal habillé a souvent un rapport mauvais avec son propre corps, il y a en lui quelque chose de refoulé, de contrarié ou d'inabouti. Il ou elle n'a pas fait son expérience du corps, s'en moque et ne se rend pas compte à quel point c'est important. Et moi, j'ai décidé de m'y intéresser jusqu'au bout de ma vie... (*Sourire.*) Certaines femmes se disent à un moment donné « à quoi bon, etc. », et elles s'abandonnent. Plus de bijoux, plus de maquillage, plus de soin. Sans aller dans l'excès, je trouve qu'il faut un minimum, et il ne me viendrait pas à l'idée de recevoir quelqu'un le matin, même tôt, si je ne suis pas maquillée, coiffée et habillée décemment. Mais j'ai souffert toute mon enfance et ma première jeunesse d'être mal habillée : je n'avais aucun goût !

P.B.L. : Difficile à croire quand on vous voit aujourd'hui...

D.R. : Quand j'étais jeune fille à Bruxelles, dans les années trente, il était impensable d'aller acheter seule quoi que ce soit dans un magasin. Tout a beaucoup changé depuis, et je dirais d'abord le rapport des femmes avec leur corps. Aujourd'hui, il y a une intimité, au moins apparente, avec son propre corps qui n'existait pas à cette époque, et c'est un phénomène qui touche aussi bien la fillette que la jeune fille, la femme et même la vieille dame. Elles portent ce qu'elles veulent, sortent quand et où elles veulent. Curieusement d'ailleurs, alors qu'elles prennent beaucoup de liberté, elles se banalisent en choisissant les mêmes vêtements.

Ma mère me faisait toutes mes robes, c'était toujours à moitié raté ! Elle cousait de manière approximative. L'idée que je puisse être sensuelle et provocante l'effrayait. Elle prétendait que je regardais les gens trop directement; ce n'était jamais conscient chez moi. Les mères peuvent être des tueuses ! Alors, elle me confectionnait des robes, qui ne me mettaient pas trop en valeur. Et moi, j'aimais bien les tailles étranglées, les décolletés, les robes courtes ! Je ne me rendais pas compte que c'était à la limite de la décence. C'est ça, la coquetterie : une sorte d'inconscience du corps, qu'on cherche à la fois à abriter, à cacher et à montrer. Mais je n'ai jamais voulu provoquer les hommes.

P.B.L. : Aviez-vous le sentiment qu'attirer les hommes pouvait être un danger pour vous à l'époque ?

D.R. : Non, ça a toujours été une joie pour moi, j'étais franchement ravie ! (*Rires.*) Cela me rassurait sur moi-même, j'ai toujours eu cette peur d'être laide... encore maintenant. Cela m'épate toujours, que l'on vienne à moi avec des manifestations de gentillesse et de générosité. Mais, quand j'étais jeune, j'aimais les fanfreluches, les paillettes, les parures... J'avais été influencée aussi, dans un autre genre, par Katharine Hepburn dans *Les quatre filles du docteur March.* Tout ce côté un peu romantique m'attirait — les cols tuyautés, les volants, les plissés — parce que cela me sortait de la réalité lourde d'une époque qui n'était pas drôle... C'était de l'ordre du rêve.

P.B.L. : À quand remonte votre première tentation de femme pour la parure ?

D.R. : Je me souviens qu'en 1942, quand j'ai reçu de l'argent à la publication des *Marais*, mon premier roman, c'était la guerre, on avait faim et froid. Ma mère s'occupait déjà de ma fille Christine et je vivais encore à Bruxelles, où je travaillais comme bibliothécaire. Un jour, je me promène dans tout l'entrelacs des petites rues qui existaient alors au centre de Bruxelles, et je m'arrête devant une vitrine : il y avait là une parure de grenats, un médaillon un peu bombé et des boucles d'oreilles. J'ai été mue par une sorte d'appétit extraordinaire, je suis entrée, j'ai demandé le prix et, en un rien de temps, je l'ai achetée et rapportée à la maison. Cette parure, je l'ai mise très longtemps... Quand ma mère a vu ça, elle m'a dit que j'avais perdu la raison ; nous manquions de tout, de lait pour ma petite fille, de beurre, etc., et j'avais fait cette folie ! J'avais eu besoin de céder à un coup de cœur volage. J'ai souvent agi ainsi pour des souliers, des robes, des bijoux, et j'ai eu raison. Je ne l'ai jamais regretté. Je n'ai jamais eu beaucoup d'argent, mais acheter sur un coup de tête correspondait chez moi à une sorte de nécessité intérieure liée à un certain aliment nécessaire à ma réalisation d'écrivain. Rêver sur un objet, c'est acheter le rêve, l'impossible... Je regarde, j'entre comme aimantée dans la boutique, je demande à réfléchir, je reviens, et cela se termine toujours par un achat ! (*Rires.*)

P.B.L. : Et personne pour vous le reprocher.

D.R. : Personne !

P.B.L. : Sauf votre mère, quand vous étiez très jeune.

D.R. : Elle avait raison, mais j'avais raison sur un autre plan... Pour la toute première photo de moi parue dans la presse, j'avais mis une fleur dans mes cheveux. Mais enfin, c'était une recherche pour moi uniquement, pas avec le goût de plaire ni de faire des conquêtes ! Je ne m'aimais pas, et c'était peut-être une façon de me transformer par l'intermédiaire de certains artifices. Je me souviens qu'un jour où je devais déjeuner à Bruxelles avec Robert Denoël, au moment de la parution des *Marais*, j'avais mis un turban violet et, en me voyant au hasard d'un miroir, je me suis dit : « Cette femme est belle », comme s'il s'agissait de quelqu'un d'autre. Et c'est la seule fois où j'ai pensé cela. Au fond, mon désir de mode s'est confondu avec mon coup de foudre pour l'Orient. J'ai toujours eu une fascination pour les kimonos, les robes longues avec d'amples manches. Du temps de Bernard, nous étions épouvantablement fauchés. Nous allions souvent aux puces de Saint-Ouen, et un jour nous tombons sur une robe qui venait de ce qu'on appelait alors l'Indochine, en satin rouge, entièrement brodée... Nous l'avons achetée sur-le-champ, et c'était extrêmement cher en soi. De toute façon, l'argent en lui-même n'a jamais compté pour moi. Je m'en fiche, je n'ai pas envie d'être riche. Mais j'ai vécu des années de pauvreté. D'abord avec mon premier mari, puis avec Bernard. On m'avait demandé de faire partie d'un jury littéraire après la guerre. Il y avait là Odette Joyeux, charmante et intelligente, qui était très célèbre à l'époque, et des bourgeoises riches. Et moi, au milieu de toutes ces femmes, je me trouvais toujours mal habillée. Bernard m'avait offert un corsage hongrois en mousseline. Comme je ne me suis jamais trouvée jolie, j'ai souffert de ne pas pouvoir m'habiller comme les autres. Pas pour leur ressembler, pour être moi.

P.B.L. : Ça vous aurait donné de l'assurance ?

D.R. : J'ai toujours eu de l'assurance. Mais ce désir était lié à la perspective de me consacrer complètement à la littérature. Tout ce qui était apparemment frivole, me servait, contrairement à ce qu'on peut croire. La parure au fond pour une femme — vêtements, chaussures, bijoux — est profondément liée à son intériorité. Ce n'est pas une parure extérieure, c'est une sorte de trésor que l'on a en soi et qui nous embellit par l'intérieur.

P.B.L. : Croyez-vous que les bijoux et les robes puissent être des protections, des carapaces ?

D.R. : C'est une seconde peau, que l'on pose sur son vrai corps, et avec lequel on se sent en intimité. J'adore la fourrure... C'est toute notre animalité intérieure qui peut s'exprimer en plein jour. Quand j'achète un bijou, je suis capable de le regarder ensuite à la loupe très longtemps, avant d'oser le porter. Et je n'en porte jamais quand j'écris, je les enlève toujours. Je trouve qu'il faut aimer les objets de parures en profondeur. Pour moi, les bijoux sont comme des fruits.

L'attirance que j'ai éprouvée pour les bijoux, dès ma petite enfance, n'était-ce pas celle qui, plus tard, me jetterait dans les mots ? J'étais fascinée par l'éclat coloré des pierres précieuses et de l'or. Les diamants et autres émeraudes, rubis, saphirs, etc., étaient la prémonition sensuelle de mon intérêt pour les mots, leur importance physique. Il s'agit de la même passion. D'où m'est venue sans doute cette vocation pour l'art du roman. On construit une œuvre de fiction comme on caresserait de la main des pierres originales, fabuleuses, intimes, détachées une à une, avec bonheur mais péniblement, au plus mystérieux de soi-même ; il s'agit de mettre en lumière des successions de minéraux vivants susceptibles de vous représenter.

J'ai eu de magnifiques bijoux dont j'ai hérité, qu'on m'a offerts, que j'ai achetés, que j'ai donnés, qu'on m'a volés... Beaucoup ont disparu, je n'ai pas voulu en souffrir. J'ai toujours aimé les choses qui brillent, tout ce qui est un peu théâtral, et même féerique ! Quand j'étais enfant, j'adorais les déguisements. C'était une passion, ça m'est resté. Je fais un peu attention tout de même ! (*Rires.*) J'ai acheté chez Missoni, où je m'habille beaucoup depuis plus de vingt ans, trois vestes pailletées, moi qui ne sors pratiquement jamais ! Mais j'en avais besoin... Il y a chez Missoni, avec ce côté très coloré, excessif et baroque, un peu de la folie que j'ai en moi. Et j'aime que le corps serve à dénoncer cela, car pour écrire comme je le fais, il faut être un peu folle ! Toutes ces décisions d'achat, le coup de foudre et l'acquisition qui suit, ce n'est pas du tout lié à quelqu'un d'autre, ça ne regarde personne que soi.

P.B.L. : C'est une réassurance de vous-même par vous-même ?

D.R. : Oui. Et puis, il y a les cadeaux de Jim... Peu de temps après notre rencontre, il m'a offert une montre, très belle, que j'ai toujours. J'ai cru l'avoir perdue un jour, et ça a été un drame pour moi, alors que je ne suis pas attachée aux objets, même si je les aime. Mais là, il s'agit évidemment d'autre chose, qui a une valeur inestimable... Les cadeaux de Jim sont sans prix, tous !

P.B.L. : Est-ce que votre rapport à l'apparence change au moment de votre rencontre avec Jim en 1958 ?

D.R. : Je crois que les hommes ne voient rien du tout ! (*Rires.*)

P.B.L. : Ils voient l'ensemble, pas les détails.

D.R. : Ils ne voient rien, mais ils voient tout. Au début, Jim se moquait gentiment de moi. « Ton petit cardigan, tes ballerines », me disait-il. À l'époque, il aimait les talons aiguilles, et je traversais tout Paris pour aller m'acheter les talons les plus hauts qu'on pouvait trouver ! Un jour que nous assistions à une corrida en Espagne, j'ai d'ailleurs manqué défaillir dans la chaleur... Après cela, je n'ai plus jamais porté ce type de chaussures, heureusement ! Mais c'était la mode, toutes les femmes s'imposaient ce martyre, c'était atroce ! Et puis, au fond, ces talons si hauts, ce n'est pas toujours très élégant, ça déforme l'allure. Aujourd'hui, c'est plus simple, il n'y a plus de telles obligations. Mais il faut se situer dans cette époque, au tout début des années soixante, et donc pas si loin de l'après-guerre... J'avais du mal à comprendre ce qui m'allait, mais c'est intéressant aussi de chercher. Je crois qu'il faut de temps en temps commettre des erreurs sur ce plan et se dire : « J'achète cette chose, ça ne m'ira pas, c'est laid, c'est peut-être la mode, mais c'est affreux ; n'achète pas ça ! » Et je l'achetais quand même, je ne pouvais pas faire autrement. Je crois que le goût commence par une sorte de conscience, même aveugle, de son propre corps.

P.B.L. : Et la séduction ?

D.R. : Ah pour moi, c'est le rire ! J'aime rire, je ris beaucoup. Mon rire dérange ou attire, je le sens bien... Je me demande même si ce n'est pas un ornement, une sorte de bijou intérieur qui serait comme une révélation mentale et physique de ce que je suis. C'est plus qu'un fard, c'est une source... Et puis, un jour, je découvre donc Missoni, et je trouve mon style. Je voulais une robe noire, et j'ai vu là une explosion de couleurs, la matière était belle, c'était de la soie, de la maille, de la laine... Tout était souple, rien ne se chiffonnait. Cela correspondait bien à ce que j'étais intérieurement, moi qui n'avais jamais aimé les vêtements trop classiques, trop dame ou dadame ! C'était moi. J'avais rencontré Christian Dior, Pierre Balmain, Jacques Fath, qui étaient des êtres adorables et très talentueux, mais je n'avais pas eu l'idée ni les moyens d'aller m'habiller chez eux. Avec Missoni, c'était une évidence.

P.B.L. : La mode se démode. Il y a des collections plus ou moins réussies. Comment faites-vous aujourd'hui ?

D.R. : Il faut que cela me plaise. Il y a des vêtements que je trouve beaux sur d'autres : le chic d'un tailleur-pantalon d'Yves Saint-Laurent, le charme d'une robe Agnès B... Des univers m'intéressent : celui de Jean-Paul Gaultier, de Christian Lacroix... Des couleurs m'attirent plus que d'autres : le jaune, le bleu, le vert, le fuchsia, le violet, un certain rouge. Et des matières, comme le satin ou le velours, m'ont beaucoup tentée ; actuellement, les plissés d'Issey Miyake, qui ressemblent à des tissus Fortuny, mais traités de manière industrielle.

Récemment, grâce aux hasards de l'amitié, je suis entrée dans le monde d'un créateur d'aujourd'hui, Jean-Charles de Castelbajac, et c'est une joie ! Je sens que c'est important pour moi, je l'ai su en poussant la porte de sa boutique qui était alors située rue Madame. J'aime son esprit d'enfance, ses couleurs franches, cette gaieté de peintre, son goût. On me dit que cela me va bien, et cela me fait très plaisir ! C'est original, coupé à la perfection, les détails jusque dans les doublures de soie vive, et l'ensemble sont magnifiques. D'ailleurs, quand je mets une de ses créations, on m'adresse des compliments, on m'arrête même dans la rue... On me dit aussi qu'il y a, en ce moment, de jeunes créateurs belges, comme Dries Van Noten ou Ann Demeulemeester à Anvers, qui ont beaucoup de talent. Cela ne m'étonne pas, j'imagine assez bien ce que le mélange de rigueur du Nord et de fantaisie onirique peut donner. Les Belges ont été occupés très longtemps par les Espagnols, dont ils ont pris le sens de la liberté, cela se sent partout, et jusque dans leur manière de vivre et de se comporter, donc certainement aussi dans leur manière d'envisager le vêtement. En fait, on passe sa vie à se chercher soi-même sur tous les plans, moralement, intellectuellement, physiquement. Et le vêtement contribue à cette quête de soi-même, c'est beaucoup plus profond qu'on ne croit.

## *Lady Mémoire*

PATRICIA BOYER DE LATOUR : La question de la mémoire, c'est le grand sujet. À la base de tout, et d'abord de votre rapport à la création. Sans mémoire, pas de rêves consignés dans vos carnets, pas d'obsessions, pas d'oubli, pas d'imagerie intérieure et pas de possibilité d'imagination à partir de la réalité vécue... Vous avez même fait de la mémoire un personnage à part entière de votre œuvre, Lady Mémoire, une très tyrannique bonne femme ironiquement traitée sur le mode aristocratique et à qui vous décidez d'ailleurs de tordre le cou dans *La rénovation*.

DOMINIQUE ROLIN : À un moment donné, j'en ai eu assez de tous mes souvenirs constamment évoqués. Je pensais à la réflexion de mon père : « Quand est-ce que tu nous foutras la paix? » Ça m'était resté très nettement dans la tête... J'ai donc tué cette Lady Mémoire à l'entrée du bois de la Cambre à Bruxelles en l'étranglant, parce que je ne voulais plus que son énorme bagage m'encombre. Je l'avais imaginée comme une femme habillée avec des vêtements 1900, comme maman, en fait, avec de grands chapeaux, belle et puis dure, provocante, méchante et transportant avec elle tous les souvenirs dont j'ai usé et abusé depuis si longtemps, et je m'étais promis de ne pas recommencer !

Aujourd'hui, je visionne mes souvenirs plus que je ne les rapporte. Au fond, on a toujours le même capital d'images intérieures et d'émotions, mais tout cela évolue... Ça bouge, ça ne vieillit pas. C'est la même chose, et pourtant c'est encore nouveau. Ça doit toujours avoir un corps, et un corps de plus en plus vivant. D'ailleurs, c'est tout de même extraordinaire de pouvoir rendre les souvenirs visionnaires. Parce que les souvenirs en général, on n'en fait rien du tout. Ils sont là quelque part, et ils attendent qu'on s'intéresse un tout petit peu à eux.

P.B.L. : Vous parlez de « souvenirs visionnaires ». Or les souvenirs nous renvoient au passé et la vision nous projette dans l'avenir...

D.R. : Je voudrais trouver, entre les souvenirs et ce que j'écris, des sortes de fulgurances : pas des histoires plaquées dans mon esprit, des histoires qui redeviennent vivantes en moi. Je dois me débarrasser de ce qui risquerait de devenir des clichés littéraires et trouver une forme très concrète me permettant de raconter ma vie à partir de maintenant, à la fois comme une succession de visions, une sorte de voyage. Il faut que je traite le temps autrement que je ne l'ai traité jusqu'ici, y compris dans *Journal amoureux.* Mon désir est de faire coïncider toute mon existence en parallèle à une promenade sur les Zattere de Venise... Et d'exploiter beaucoup plus les images que suscite en moi la musique.

Je suis bénie par un hasard miraculeux qui veut que je ne me sois jamais enfoncée dans les drames de ma jeunesse et leurs souvenirs maléfiques qui auraient pu me détruire. Au contraire, les difficultés ont été pour moi des occasions de bondir au-dessus du gouffre possible. Je n'ai jamais été empêchée d'écrire par rien ni personne. Quand *La maison, la forêt,* un roman sur mes parents, est paru en 1965, il a fait pleurer ma mère qui allait mourir la même année, mais cela ne m'a pas fait dévier de ma route.

Écrire, quelle boucherie ! J'ai tailladé dans la masse de mes souvenirs : c'est un travail minutieux et sanglant, cruel sûrement, mais aussi tellement drôle. Je ne me suis en tout cas jamais sentie dans la résignation de l'échec, à la manière de ces gens qui acceptent l'idée de vivre comme des déchus et qui ne luttent pas, ou même qui s'y font très bien... Ils parlent de leurs ratages comme si c'était une chose normale, comme s'ils acceptaient la vue de déchets.

Le voyage de ma vie avec Jim et ces promenades avec lui le long des Zattere de Venise sont pour moi les figures emblématiques de cette certitude de ne jamais déchoir. Et je voudrais, à la fin de cette balade, retrouver tous les miens rassemblés à la station maritime pour m'attendre, transfigurés mais présents et toujours actifs.

On feint d'oublier les siens, on ne peut que feindre de les oublier... Parce qu'on ne peut pas vivre tout le temps avec la présence de la mort, ce n'est pas possible, sinon on se défait soi-même, on se tue ! C'est cela qu'il faut que je développe en ayant recours à ma langue habituelle... et tant pis si ça ne plaît pas !

P.B.L. : La mémoire se recomposerait dans le temps avec plus de clairvoyance, voire plus de clarté, et elle ouvrirait donc sur d'autres mondes...

D.R. : Plus j'avance en âge, plus je perds la mémoire pour beaucoup de choses. Mais je remarque que la mémoire est capricieuse et elle compose elle-même une sorte d'énorme tissu à la manière d'une draperie de luxe où le temps n'a plus sa place. C'est une mémoire plane, où tous les rêves et les souvenirs se tissent d'une manière très subtile. Ce n'est plus du mécanisme ordinaire de la mémoire qu'il s'agit. Les plus anciens souvenirs se mêlent aux plus récents. J'ai eu une mémoire étonnante quand j'étais toute jeune. La façon qu'avait maman d'enseigner était d'ailleurs très intelligente : elle faisait apprendre toutes sortes de poèmes par cœur à ses élèves. Il n'y avait pas de barrière entre le splendide, le génial, le beau et le mauvais. J'ai su des poèmes entiers de Baudelaire, de Verlaine, de Victor Hugo, d'Apollinaire... Aujourd'hui, je peux encore réciter « Les petites vieilles » de Charles Baudelaire.

C'est très curieux, la mémoire. On peut dire qu'elle est indépendante de l'organe mémoire. Je me souviens de ce poème dans sa totalité mais, de temps en temps, il y a un vers ou un fragment qui se dérobe à moi. Le jeu, c'est de retrouver le poème dans son entier. Quand il est génial, comme c'est ici le cas, on peut s'éloigner un moment de ce trou d'oubli, et le panneau manquant revient intégralement. On comprend mieux alors l'architecture splendide d'un grand poème. Il n'y a pas un mot en trop, le rythme est ajusté, et la matière même entièrement accordée. Mon amour pour les mots est tel que je suis heureuse de retrouver le poème dans sa globalité, c'est-à-dire dans sa musique.

La mémoire marche avec l'être humain... J'ai eu raison d'en faire une sorcière, parce qu'il y a des correspondances magiques dans le domaine de l'art : tout se tient, et ce n'est pas un hasard si c'est Baudelaire qui l'a dit. La mémoire permet de faire le point de l'ensemble de ce qu'on est soi-même au point de vue de sa nature profonde. Nous sommes tous un peu dérangés, chacun à sa manière et chacun dans son temps, parce que tout cela est mêlé à la course des années... Mais au fond, la mission de n'importe quel artiste, c'est de sortir de lui le maximum de tout ce qui est d'habitude enfoui mystérieusement.

P.B.L. : Il n'y a pas la mémoire d'un côté, l'imagination de l'autre.

D.R. : Tout se tient. Je suis enveloppée en permanence par mes souvenirs, qu'ils soient heureux ou non. Ils forment la tunique principale de mon corps et du mécanisme qui anime mon travail d'écrivain. Tout est exact dans ce que j'écris. Et pourtant, ce sont des romans, ce que les gens souvent ne comprennent pas... Je ne peux rester dans la droite ligne du réalisme sans aller vers une vérité plus profonde qui, pour être conforme à la réalité, doit passer par le miracle de la transposition littéraire. Chaque moment de notre vie est un roman, on se réinvente sans cesse. Alors, c'est vrai, beaucoup de gens en restent au stade du fait divers ou du roman à deux sous qui les sort d'eux-mêmes. Mais l'observation stricte de la vie quotidienne contient en soi des milliards de romans.

J'ai été marquée très tôt dans ma vie par les grands maîtres de la peinture flamande du XV^e^ siècle comme Rogier Van der Weyden, Van Eyck ou Memling. Et déjà, la moindre boucle de cheveux blonds, un trait subtil de physionomie, un pan de vêtement drapé me fascinaient par leur exactitude et leur pouvoir de rêve. Ils déclenchaient mon imaginaire. Et puis, tout de suite, je pense à ce cauchemar enfantin des canards en bronze qui me poursuivent, directement inspiré de la contemplation du dessin de la gargouille de Notre-Dame accroché dans le bureau de mon père. J'ignorais à l'époque qu'il serait une base psychologique dramatique autour de toute ma vie, mais j'ai une sorte de tendance à l'horrible (*rires*) et une prédilection morbide pour la monstruosité.

J'aurais pu capoter, devenir un déchet moi-même... J'aurais pu être saccagée avec le goût de saccager autour de moi, mais non. Je sais que je ne saccage pas, ma petite-fille Lise me dit qu'elle a besoin de moi... Sans doute y avait-il en moi ce désir de créer. La volonté de vivre est une suite de bonds. On cherche à vérifier soi-même ses propres facultés d'élasticité, et il ne faut pas rester sur la rive du malheur.

P.B.L. : À quoi vous a servi la mémoire ?

D.R. : J'ai dû me servir de cette Lady Mémoire pour arriver à me rendre heureuse, en traitant tout ce que j'avais traversé de douloureux : mon adolescence marquée par les désaccords violents de mes parents, mon premier mariage catastrophique, la maladie de Bernard et sa disparition en six mois, etc. Autant d'obstacles à mon avancée.

Mais écrire des livres, c'est aussi bondir ! Je ne me suis jamais embarrassée des traces de mémoire qui auraient pu m'empêcher de poursuivre mon chemin. Par exemple, j'ai brûlé toutes les lettres de mon premier mari dans le jardin de Boitsfort. C'était une manière d'autodafé. Je me souviens de ma mère en arrière-plan et folle de joie. Je me faisais l'effet d'être une sorcière fulminante ! J'ai déchiré aussi au fur et à mesure les lettres de ma mère et celles de mon père... Je l'ai regretté ensuite, mais je crois que je ne voulais pas me retourner sur mon passé. Et sans doute était-ce une façon de ne pas souffrir plus encore de leur mort. J'ai préféré me souvenir d'eux dans mes livres au fil des surgissements inconscients de la mémoire. Pourtant, j'ai gardé les rares lettres de Bernard. Et toutes celles de Jim, bien sûr...

Il faut passer par-dessus les épreuves. Quand Bernard est mort, j'étais criblée de dettes. Il avait en cours un projet de sculpture, des blocs de pierre arrivaient dans notre jardin de Villiers-sur-Morin. J'ai eu la chance de rencontrer un receveur des contributions du XIVe arrondissement, adorable, qui m'a conseillé d'aller rue du Louvre expliquer mon cas en haut lieu. Ce que j'ai fait, et l'affaire s'est arrangée. Je n'ai jamais oublié son visage d'ange... Heureusement, il y a des anges! Tout de suite, ç'a été l'entente, sans qu'il me demande rien en échange, alors qu'à l'époque, j'avais toute une série de types qui tournaient autour de moi. On n'oublie pas les êtres lumineux.

Tout ce qui est lié à la mort de Bernard est resté extraordinairement vif en moi. Dans la mémoire, il y a ce qu'on biffe d'instinct et tous les souvenirs soutenus par la violence même des événements qui les ont provoqués et qui m'ont donné une masse d'idées, d'images, de visages et le sens des perspectives, mais je l'ai su après. Au moment même, je ne le savais pas. J'ai eu des amis merveilleux, en particulier l'homme de théâtre André Barsacq et toute sa tribu... Ils m'ont accueillie à Bréhat dans leur maison de famille et ils ont été adorables. Beaucoup d'autres aussi m'ont aidée, je ne les ai jamais oubliés. Mais la vraie intervention qui m'a sauvée, c'est Jim. C'est lui qui m'a fait comprendre les zones d'ombre de certaines amitiés, pas toutes bien sûr! Vous avez des gens qui se donnent entièrement à vous dans le malheur, comme s'ils se donnaient à une cause, et c'est toujours un peu trouble. Ils peuvent être frustrés dans leurs vies, leurs ambitions et leurs réussites. Ceux-là aussi sont venus à moi : il y avait du malheur à partager.

P.B.L. : Savoir partager le bonheur, c'est autre chose...

D.R. : Voilà, les gens n'aiment pas partager le bonheur ! D'ailleurs, ceux qui sont heureux ont le devoir de se défendre tout de suite des approches destructrices des autres... Jim sait ça depuis toujours. Il faut préserver ses propres forces, ne pas s'abîmer sous prétexte de petites jouissances extérieures à sa nature, parce que l'important dans tout ça, quand on est écrivain, c'est que l'écriture devient un devoir prioritaire. On a besoin de donner une préférence à ce qu'on a d'original, de personnel, et qui doit absolument sortir. Et pour cela, il faut de la concentration, de la discipline et de la mémoire. C'est un choix et une vocation qui orientent toute une vie dans sa perspective générale et dans ses moindres détails comme, en ce qui me concerne : se lever tôt, être attentive à tout... J'ai la mémoire des moments ensoleillés comme des heures sombres. Il ne faut jamais abandonner ce terrain ni se détourner, la mémoire sert à ça. Et les fragments lumineux deviennent partie intégrante de soi.

P.B.L. : S'en souvenir aide à vivre ?

D.R. : Je crois qu'on est choisi par une force qui nous assiste et nous soutient. Au fond, Jim et moi, nous sommes des élus, pas des vaincus ! Et il n'y a à peu près que des vaincus, c'est-à-dire des gens qui n'acceptent pas d'être soutenus par cette manne. Alors, il vaut mieux rester sur ses gardes, en ne dévoilant rien de sa vérité profonde.

P.B.L. : Mais vous avez décidé aussi de raconter le bonheur...

D.R. : J'avais dit à Jim : « Je veux écrire notre histoire. » Il a été tout de suite d'accord, et c'est lui qui a trouvé le titre, *Journal amoureux*. Cela m'engageait dans une voie beaucoup plus réaliste, parce que, jusqu'ici, il était déjà très présent dans mes livres, mais d'une façon plus nuageuse. Je me suis donc d'abord inscrite dans une temporalité simple en remontant le fil de mes souvenirs qui sont extraordinairement vivants pour tout ce qui le concerne : la rencontre, le développement de cet être tout jeune, ses premiers livres, sa création, notre entente... Rien n'est inventé. Et pourtant, c'est un roman ! Chacun a son monde. Lui a tout le sien, politique, social, intellectuel, etc. Moi, je n'ai suivi que le trajet Jim... C'est ce que je fais dans *Journal amoureux*, et ce n'était pas facile, au fond. Mais j'ai eu la chance d'être au départ de sa vie d'écrivain et je revois tout avec une précision extrême, comme si cela venait de se passer...

P.B.L. : Vous aviez pris des notes ?

D.R. : J'ai toujours pris des notes, mais je lui ai confié mes carnets de cette époque. Alors, je ne sais plus ce qu'il y a dedans... Il y a ce moment étonnant de la rencontre, dont j'ai bien sûr parlé dans mon carnet, c'est impossible autrement ! Aujourd'hui encore, je prends des notes au jour le jour sans penser du tout à la réalisation d'un livre. Ce n'est qu'au début de l'écriture d'un roman dont je sais quelle direction il va prendre que je consulte mes carnets, et que je repère ce qui peut me servir. L'écriture du carnet, c'est le premier geste très tôt le matin. Quand je suis à Venise, c'est le contraire. J'écris le roman le matin entre 8 heures et 11 heures, et l'après-midi, je prends des notes sur ce que j'entends et sur ce que je sens dans la réalité de l'instant. Cela peut se retrouver dans le roman, mais pas tout de suite. Il y a toujours un décalage entre le moment où l'on vit, celui où l'on consigne un sentiment, et celui où l'on transpose tout ça dans un roman.

P.B.L. : « L'absence de mémoire est une autre mémoire ; elle se dérobe en insistant », écrivez-vous dans *Maintenant*, un roman paru chez Denoël en 1967. Au fond, écrire c'est peut-être aussi lutter contre le côté mortifère des souvenirs...

D.R. : Qui ressemblent en effet à de l'oubli pur et simple... Les souvenirs doivent rester vivants, juteux. On doit pouvoir tourner autour dans l'espace. Dans plusieurs de mes livres, je croise maman dans la rue. Eh bien ! la croiser, c'est lui donner une existence en relief. Je vois parfois des petites silhouettes semblables à la sienne, rondes et décidées dans leur allure, et il faut que tout ça soit redit autrement que ce que j'ai dit jusqu'à présent, et que cela fasse partie du roman nouveau que j'écris, où il y aura Jim, bien sûr, parce que je ne peux pas m'en passer.

P.B.L. : « Je veux et je dois accorder à la mémoire sa secrète indépendance car elle est située ailleurs que dans la tête », écrivez-vous, toujours dans *Maintenant*. « Nous ne nous souvenons pas, comme on serait tenté de l'imaginer, par les oreilles, les yeux, le nez, la bouche, mais bien davantage en certains lieux du corps reculés, en deçà d'une réserve assoupie. » Vous évoquez alors ce que vous appelez « un événement de fausse mémoire », une scène où vous avez six mois et vous riez dans les bras de votre mère en voyant un chien. Ce souvenir surgit une nouvelle fois, au moment même où vous êtes au téléphone avec elle vers la fin de sa vie. « Je me souvenais par ma poitrine appuyée à la sienne, celle-ci se soulevant et s'abaissant avec lenteur ; je me souvenais par le dos, les épaules, les bras sur lesquels glissaient des taches de soleil et d'ombre ; je me souvenais, j'étais suspendue au-dessus du tapis d'aiguilles de pins brillant comme une soie ; je me souvenais, j'étais serrée dans une grande et jeune main ; je me souvenais, je me déplaçais entre les troncs par l'intermédiaire de jambes qui n'étaient pas les miennes : jambes invisibles mais robustes sous la robe aux plis flottants, et ces plis montaient et se recourbaient, et le chien recommençait à courir en aboyant, et l'air était doucement rayé par la fumée bleue d'une cigarette maintenue à l'horizontale un peu en dehors de la trame du souvenir comme pour brouiller celui-ci d'avance, lui couper l'éventualité d'un sens futur dont, cependant, ni elle ni moi n'éprouvions le pressentiment. »

D.R. : J'ai complètement oublié ! J'oublie tout ce que j'écris au fur et à mesure, et cela depuis toujours ! Mon inconscient est mon maître, il fait ce qu'il veut. On me dit souvent : « Tu as écrit ça, et ça... » Impossible de m'en souvenir. À un moment donné, c'est... sorti !

P.B.L. : L'oublier vous permet de passer à une autre chose...

D.R. : L'oubli me permet de me souvenir. Dans plusieurs de mes livres qui n'ont rien à voir les uns avec les autres tout en étant nourris des mêmes fantasmes, je redis les mêmes choses mais sous des formes différentes. On peut penser que je me répète, mais je ne crois pas... On était assis là au bord du canal de la Giudecca. L'eau coule, toujours la même eau, mais transfigurée par l'œil qui la regarde, par la direction du vent, la présence du soleil ou le poids des nuages. Et puis, il y a la foule immensément renouvelée. C'est ahurissant de penser que, lorsqu'on se perd dans cette foule, jamais la même situation ne se reproduit. Dans un café, avec cette espèce de tournoiement continu de l'animation humaine, il y a quelque chose de captivant. Tout est au cœur de moi, je me sens tout d'un coup la reine du monde. (*Rires.*) Quelquefois, je le dis en plaisantant, mais ce n'est pas du tout une plaisanterie. Mes souvenirs font de moi la reine du monde !

## *Les rêves*

PATRICIA BOYER DE LATOUR : « Si l'élaboration d'un roman réclame à l'auteur ses meilleures forces, celles de l'inconscient qui ont partie liée avec la physiologie du corps et du système nerveux, une fois qu'il est terminé, c'est-à-dire détaché de soi, tranché, offert à ce qui n'est plus soi-même, il cesse d'exister. Il change de matière », écriviez-vous en 1964 dans *Comment on devient romancier*, un texte repris dans *Le bonheur en projet*, hommage à Dominique Rolin, paru en 1993 aux éditions Labor. Paradoxalement, alors que vous oubliez toujours tout ce que vous écrivez dans vos livres au fur et à mesure, vous gardez intacte la mémoire de vos rêves, que vous notez dès le réveil. Et ils sont d'une précision incroyable, à la virgule près ! Vous les avez même rassemblés dans un recueil, *Train de rêves*, paru dans la collection « L'Infini », chez Gallimard. Vous avez d'ailleurs aujourd'hui la matière d'un deuxième tome, m'avez-vous dit. J'ai remarqué qu'un de vos rêves revient sous des formes diverses jusqu'à l'obsession, celui où vous vous perdez... un cauchemar, en fait !

DOMINIQUE ROLIN : J'avoue que ma terreur d'être perdue et de ne pas retrouver mon chemin a été à la base de toute ma vie. Le premier rêve, dont j'ai d'ailleurs déjà parlé, révèle cette peur. J'étais donc dans le souterrain labyrinthique d'un château fort, poursuivie par un troupeau de canards en bronze, dont les cris résonnaient dans les couloirs. Je marchais sans pouvoir trouver la sortie, j'étais épouvantée et j'entendais derrière moi ces bruits effroyables... Il n'y avait pas d'échappatoire. J'ai compris tout de suite comment ce rêve était lié pour moi à une scène d'enfance qui m'avait marquée. Dans le bureau de mon père se trouvait en effet une gravure d'une artiste belge, représentant une gargouille de Notre-Dame de Paris, qui me fascinait. Je devais avoir quatre ou cinq ans, je montais sur une chaise et je regardais pendant des heures cette représentation de gargouille accrochée au mur. Elle s'est retrouvée démultipliée sous la forme de canards monstrueux dans ce premier rêve inaugural.

Je me souviens aussi que, à la fin de la Première Guerre mondiale, j'ai eu un énorme anthrax avec quarante de fièvre. Dans mon délire, j'avais le sentiment que, derrière le mur de ma chambre d'enfant, des Allemands en casque à pointe avançaient au pas de l'oie et qu'à coups de baïonnettes, ils essayaient d'entrer. Il s'agissait en fait d'un cauchemar éveillé, dans l'entre-deux du sommeil et de la veille, qui donnait l'impression d'être la réalité.

P.B.L. : Vos rêves se présentent tous comme des histoires bien organisées selon l'ordre d'un délire qui a sa propre logique ironique.

D.R. : Ils me sont donnés, déjà constitués en écriture, bien articulés, parfaitement préformés — comme le serait un nouveau-né bizarre — au moment précis où ils sortent de ma tête. Je n'ai qu'à les transcrire. Rien n'est inventé, tout m'est dicté depuis cet étrange univers du sommeil, sombre, tranquille...

Les rêves ne produisent aucune catastrophe, ils sortent de moi librement. Personne ne les force à naître ou à quitter leur cachette nocturne. Mais je suis tenue, puisque l'écriture l'exige, de les mettre noir sur blanc, et en tout cas, je ne les refuse pas. Il me semble que je suis un cas particulier, parce que mes rêves ont eu une importance considérable dans ma vie, beaucoup plus que pour d'autres, autant que je puisse en juger. Je leur fais confiance, ce sont des petits romans isolés qui surgissent d'une partie inconsciente de moi.

Longtemps, je me suis levée à 6 heures du matin. Aujourd'hui, mon réveil est fixé à 5 h 30 et je me lève à 6 h 30, et il ne faut pas que j'attende pour les noter. J'aime qu'ils aient un début, un milieu et une fin, qu'ils racontent en fait toute une histoire. C'est d'ailleurs ce côté bien structuré dans le langage qui m'intéresse, parce que je néglige les lambeaux ou les simples fragments, et les rêves en eux-mêmes me paraissent d'une grande banalité.

P.B.L. : Pas les vôtres en tout cas !

D.R. : Vous trouvez ? (*Rires.*) Ils sont atroces ! Et ce qui est très curieux, c'est que, à côté de mon entourage proche, reviennent dans mes rêves des personnes que je connais à peine et qui se trouvent dans des situations invraisemblablement intimes avec moi. Hector Bianciotti par exemple, que j'aime bien, mais que je vois rarement... On en rit chaque fois qu'on se croise et il ne m'en veut pas. Heureusement d'ailleurs ! Personne n'a jamais osé me reprocher quoi que ce soit dans le domaine de l'écriture des rêves, alors qu'il m'arrive d'y être parfois d'une méchanceté incroyable.

P.B.L. : Mais au fond, dans les rêves, on est innocent.

D.R. : C'est vrai, et c'est intéressant de le dire : le rêve, c'est l'innocence. On se trouve dans un champ de perception aiguë et magique à force d'ingénuité.

P.B.L. : Quand vous transcrivez vos rêves, vous êtes dans un autre ordre... Vous les notez tels quels, ils vous sont dictés. Comment abordez-vous cette autre facette, qui me semble fondatrice de votre œuvre ?

D.R. : Je suis obligée d'y aller et de dire tout, même les pires choses, puisque ça m'est donné en cadeau ; et, quoi qu'il arrive, c'est toujours un extraordinaire cadeau. Donc, je n'élude rien.

P.B.L. : En 1900, paraît une des œuvres majeures de Freud, *L'Interprétation des rêves*, qui va révolutionner à jamais notre approche de l'inconscient.

D.R. : On n'est pas séparable de l'Histoire à laquelle on participe et je suis cohérente avec mon époque. Quand j'ai rencontré Cocteau, à qui je dois beaucoup (il a été le premier lecteur, avec Max Jacob, à s'enthousiasmer pour ce qui allait devenir mon premier roman, *Les marais*), il m'a demandé de poser pour un portrait que j'ai perdu... C'était un dessin typique de Cocteau et on me reconnaissait très bien ! Stéphane Barsacq m'a récemment apporté une photocopie de ce dessin reproduit dans le *Journal 1942-1945* de Jean Cocteau, édité par Gallimard... Je suis donc allée chez lui deux ou trois fois et, en me donnant un de ses livres (un recueil des illustrations faites pour *Les enfants terribles*) disparu lui aussi de mon horizon, il m'a fait cette dédicace étonnante : « À Dominique Rolin, qui dort debout. » Personne ne m'avait jamais dit ça. C'était joli et très juste. J'aimais cet homme, beaucoup plus profond qu'on ne croit...

P.B.L. : Diriez-vous que les surréalistes vous ont marquée ?

D.R. : J'ai été très imprégnée par des univers oniriques, et je dirais d'abord par ceux des primitifs flamands. Breughel, qu'on associe toujours à la gourmandise et à la paillardise, doit aussi être envisagé dans sa manière de tirer l'être humain vers l'horreur. *Le Jardin des délices*, de Jérôme Bosch, est un tableau d'une cruauté et d'un fantastique qui me touchent profondément. Je suis persuadée qu'il y a une grande part d'inconscient saisi par l'artiste, avant même qu'il ne crée son œuvre, et qui concourt à celle-ci.

P.B.L. : Est-ce de cette façon que vous accueillez vos rêves ?

D.R. : Oui, avec des mots précis, qui étaient déjà à l'intérieur de moi-même et qui s'aggloméraient les uns aux autres en faisant des petites phrases avant de sortir de moi sans difficulté.

P.B.L. : Rêvez-vous en couleurs ?

D.R. : Ah oui !

P.B.L. : Dans vos rêves, toutes les époques et les territoires de votre vie se télescopent sans problème. Par exemple, vous êtes à Boitsfort, tout enfant, Lise, votre petite-fille, peut avoir douze ans et votre mère est une jeune femme.

D.R. : Ça a toujours été ainsi, et c'est une grâce. J'ai remarqué qu'il y a dans les rêves une manière d'aller à l'essentiel par une sorte de dépouillement voué à devenir de l'écriture sans mensonge ni dissimulation. Ce serait facile d'inventer du fantastique, je ne le fais surtout pas. Le vrai fantastique n'est jamais de l'invention, c'est quelque chose qui est lié intimement au corps, au fonctionnement de l'esprit, au doute, aux terreurs, à la manière dont on redoute la vie tout en l'aimant. Et tout cela constitue un matériau qui devient une petite œuvre déjà fabriquée dans l'imaginaire. Aujourd'hui, je me souviens beaucoup moins de mes rêves qu'auparavant, et il m'arrive d'en être un peu triste. Mais ça ne m'effraie pas, c'est comme ça.

Au petit matin, mes rêves deviennent des nuages. Ils se dissipent. D'ailleurs, au fond, c'est intéressant, la vie des nuages... Je pourrais passer des heures à les regarder. Quand j'ai terminé mon travail et que nous sommes à Venise, j'aime aller prendre un café au grand air sur les pontons de la Giudecca pour regarder le passage des nuages et le fonctionnement du ciel au moment du coucher du soleil. C'est une succession de tableaux, c'est de la peinture, c'est de l'écriture, c'est de la musique et c'est de la danse... Tout d'un coup, vous voyez un bloc de nuages comme un corps de femme, et puis ça se dissout, ça se transforme, c'est très proche du rêve, et je suis fascinée par ces moments où le ciel m'offre quelque chose qui touche de si près au rêve sans l'être.

Je l'ai toujours été... Est-ce qu'il y a rien de plus fantastique que les nuages ? Toute mon enfance a été placée dans les nuages, nageant dedans, les traversant. Mon frère aviateur les adorait comme moi. Être au-dessus du matelas des nuages et, au moment de la descente en avion, découvrir le plan de la terre, c'est tout de même un moment inouï ! Partout, j'aime regarder les nuages. Mais, évidemment, les ciels de Venise sont une telle splendeur !

P.B.L. : Comment l'écrivain que vous êtes considère-t-il ses rêves ?

D.R. : Mais je crois qu'ils sont bien écrits ! (*Rires.*) Parce qu'il n'y a pas la moindre correction et jamais un mot de trop. Quand je pense à la souffrance imposée par un manuscrit de roman, à ces pages raturées, à ces surcharges, à ces recommencements incessants... alors que pour moi tout est facile, immédiat et lumineux dans la transcription d'un rêve. C'est un fax que mon inconscient m'envoie gratuitement et je me précipite pour le transcrire au plus près dans ma réalité d'écrivain. Mes rêves, comme mes paysages d'enfance, mes jouets ou mes premières lectures ont constitué un capital de sensations très fortes. Tout cela est resté très vivace en moi. Charles Perrault, la comtesse de Ségur, la *Semaine de Suzette* et Balzac ont beaucoup compté, et très tôt, dans ma vie. Pourtant, je n'ai jamais pu lire dans un lit. Les livres n'existent pas dans mon espace nocturne. Le sommeil, les rêves et la mémoire sont autrement importants. Au fond, je n'aime pas les livres ! C'est injuste de le dire ainsi bien sûr, parce que j'ai eu de véritables coups au cœur avec des auteurs comme Faulkner, Melville, Flaubert ou Proust. Mais le règne de la nuit est d'un autre ordre... Et je suis plus attachée aux rêves qu'à la réalité. Quand j'étais enfant, mes poupées étaient des princesses ou des fées, surtout pas des bébés ! L'enchantement et le rêve ont toujours été au cœur de mes jeux. L'irréalité habitait la réalité. J'essayais moi-même d'être une fée aux longs cheveux... alors que j'étais si complexée par mon apparence extérieure.

Au début de la carrière de la chanteuse Vanessa Paradis, il m'est arrivé de rêver d'elle. Quelque chose en elle me fascinait : elle ressemblait aux personnages peints par les primitifs flamands que j'ai vus dès mes premières années et elle entrait dans mon univers d'écrivain. Elle avait un côté féerique avec ses longs cheveux blonds, son visage intact, sa silhouette gracile, ce côté Vierge de Memling si proche de l'enfance, qui revient souvent dans mes rêves.

P.B.L. : Parallèlement à ce paradis, que de valises perdues, de trains manqués, de communications impossibles... Mais c'est un véritable enfer ! Vous avez peur de ne pas arriver à temps chez vous, alors que Jim doit vous téléphoner à une heure précise. Et heureusement d'ailleurs, vous êtes réveillée en sursaut par la sonnerie du téléphone, avec Jim au bout du fil !

D.R. : Je traverse le rêve comme une sorte de fleuve auquel je n'ai rien à devoir. C'est un don, et je nage. Je n'ai comme seul obstacle que le basculement de la réalité dans la fantasmagorie. J'ai adoré la littérature allemande, tous les romantiques allemands, Jean-Paul Richter, et surtout Kafka, imprégné par la force des rêves et qui notait lui aussi les siens. Dans mon pays, la Belgique,

Franz Hellens a écrit *Les réalités fantastiques*, un livre qui m'a beaucoup intéressée, parce que j'étais passionnée, moi aussi, par les capacités que l'on a, chacun, de vivre dans une réalité concrète tout en la transfigurant. En général, personne n'y accorde d'importance ! Or, il s'agit pour moi d'entrer en correspondance directe avec mes rêves, comme s'il y avait un courant secret entre eux et moi, avec des visions qui font le lien. Il existe une toile d'un peintre flamand célèbre qui exprime ses rêves et j'admire le culot qu'il a fallu à cet artiste pour imaginer cela : il a partagé son œuvre sur plusieurs plans, en haut, en bas, au milieu pour tout représenter au plus juste. Un des plus beaux tableaux au monde est une œuvre de Rogier Van der Weyden, dit de La Pasture. Il a réalisé une crucifixion dans une église, avec la croix en plein sol de l'église et le groupe des femmes pleurant à la base de celle-ci, le Christ crucifié, et puis des colonnes tout autour, qui sont aussi les arbres d'une forêt. J'ai tout de suite senti que cela se confondait avec les paysages familiers de ma petite enfance, la forêt de Soignes et les hêtres en particulier, qui ont très peu de racines et sont à l'image de ces colonnes d'église. De là à penser que les oiseaux dans les arbres sont des anges... J'ai baigné dans cette atmosphère depuis toujours. Les forêts belges sont très différentes de celles de Rambouillet ou de Fontainebleau, ce sont des chapelles ou des cathédrales. C'est là qu'il faut remonter pour trouver les racines de mon mysticisme, ma relation avec le sacré et la nature, et les limites confuses entre ce sacré, cette nature et moi.

P.B.L. : Êtes-vous une rêveuse ?

D.R. : Je suis bien branchée sur la réalité, mais je suis tout de même à part. Il y a bien une réalité, qui est là, et dans laquelle je suis. Mais il y en a d'autres en même temps, qui se concertent avec les premières réalités tactiles, vues, entendues, senties... C'est la recherche de toutes ces réalités autres qui fait l'originalité de mon travail, un travail qui ne cherche d'ailleurs pas à être original.

P.B.L. : Même en étant au plus près de la réalité, vous entrez dans une très étrange complexité, qui vous emmène ailleurs.

D.R. : Voilà. Et ça, je crois que cela m'appartient. Quand on vit dans mon pays natal, on a l'impression de pouvoir s'asseoir dans un nuage comme dans un fauteuil très confortable. Et l'on n'est pas du tout étonné qu'un nuage reste collé à ses fesses, ou au contraire qu'il disparaisse. Il m'arrive aussi de voir partout des figures humaines, dans le sol par exemple. Mon père était comme ça aussi à la fin de sa vie. Il me disait : « Je vois partout des êtres. » Quand j'étais enfant, mes grands-parents avaient une maison dans la Campine limbourgeoise, entre la Hollande et l'Allemagne, dans laquelle nous allions passer nos vacances. Je me souviens des étendues de bruyères mauves en plein été et des bois de pins alentour... Dans cette maison, bourgeoise mais simple, les volets étaient retenus aux murs par des figurines de femmes datant de l'époque du second Empire en guise de crochets. Elles étaient toutes différentes, et c'était pour moi une source de rêverie extraordinaire. Chaque matin, je faisais la tournée de tous les volets pour retrouver ces petits personnages de théâtre en buste, avec lesquels j'avais des conversations quotidiennes. Tout était prêt pour l'écriture dans la suite de ma vie.

P.B.L. : Et s'il y a au moins un domaine où vous êtes en confiance, c'est celui des rêves, que vous soyez ou non éveillée.

D.R. : Il me fallait prendre la voie des rêves. Vous voyez ces dessins au mur réalisés par mon père au crayon... Eh bien ! j'ai remarqué qu'il y avait toujours chez lui cette perspective d'un chemin qui s'éloigne vers l'horizon, traversant d'immenses étendues de bruyère et de sable gris-blanc argenté par la lumière. Je ne le lui ai jamais dit, je l'ai d'ailleurs remarqué il n'y a pas si longtemps. Cela m'a fascinée, et je suis comme lui devant ce chemin qui s'ouvre à moi.

P.B.L. : Vous me parlez d'un chemin, mais vous êtes souvent égarée dans des labyrinthes intérieurs. Et, à la place d'une charmante maison de vacances, que d'hôtels délabrés dans vos rêves.

D.R. : Bruxelles était une ville de rêve, quand j'étais enfant. L'avenue Louise, par exemple, était bordée de maisons cossues, toutes conçues sur le même modèle : hautes, étroites, sévères et collées les unes aux autres, avec deux ou trois marches pour arriver sur le seuil, une porte d'entrée en bois et une poignée de cuivre. On entrait, et il y avait une volée de marches en marbre qui menait à l'entresol d'un côté, et une autre au sous-sol, où se trouvaient les cuisines, les caves, les réserves. À l'entresol, on voyait la salle à manger, le salon, une porte ouverte sur une terrasse en fer qui descendait par plusieurs marches dans un jardin exigu. Des murs hérissés de tessons de bouteille le clôturaient. Les petites cités étaient elles aussi construites selon ce même rythme de rues, avec cette même austérité, ces mêmes toits de tuiles, ces jardins étroits, ces mêmes briques. Mais aujourd'hui, tout a été saccagé.

Et depuis qu'il y a le Thalys, on a aussi aménagé les abords de ce train qui va tellement vite, avec des constructions qui, en bloquant l'horizon, ont supprimé techniquement les paysages, dont il ne reste que des petits fragments furtifs. Vous vous souvenez de ce passage de *La recherche* où Proust décrit l'arrivée à Combray ? L'église est à droite, puis à gauche selon les détours du chemin. Cette mobilité du paysage n'existe plus. Quand on prend le train pour Bruxelles, l'autoroute longe la voie du train. Avant, les voitures avaient la primauté de la vitesse, et maintenant, elles traînent ! Il faut une heure quinze pour aller de Paris à Bruxelles en Thalys, alors que, lorsque j'étais petite, on mettait dix heures. Il y avait ces paysages flamands que j'aimais tant, avec des vaches dans les prés, des fermes et les nuages... Tout ça tournant lentement comme un rêve éveillé. Aujourd'hui, la réalité s'est transformée en enfer, un enfer quotidien dont plus personne n'a conscience d'ailleurs. Une gare du temps de mon enfance, un train dans une gare, une locomotive avec ses énormes roues fumantes au moment du départ et ce tch, tch, tch... C'était une charge d'irréalité féerique ! Comment voulez-vous que j'écrive autrement que ce que j'écris ? J'ai vécu tout ça et j'ai eu beaucoup de chance de naître au début de ce siècle, non, du siècle précédent ! Parce que j'imagine l'appauvrissement de l'imaginaire des gens qui naissent maintenant... Ils sont pris dans un réseau de réalité dont les contours sont en acier, en béton, en virtuel. La lenteur et la rêverie sont sacrifiées. Or, je suis sûre que l'œil et l'oreille donnent le ton de toute une vie et je crois que les premières images de ma petite enfance m'ont formée plus que tout.

P.B.L. : Parvenez-vous à garder des espaces de rêveries dans le monde d'aujourd'hui ?

D.R. : Je ne vois jamais personne, à quelques rares exceptions près ! Et recevoir pour moi, c'est le comble de l'horreur. Je dois passer pour une sorte de monstre antisocial, mais ce refus de la convivialité est capital à mes yeux. Bernard aimait ça pourtant. Au temps où nous vivions à Villiers-sur-Morin, je n'étais pas encore assez mûre pour comprendre ce qui me convenait. Mais, quand il est mort, j'ai emménagé dans mon appartement parisien, et j'ai senti très vite que c'était superflu. Ça me sort de mon rêve... Il y a chez moi une volonté de rêverie perpétuelle qui exige un refus total du contact. J'adore être dans une foule et regarder des gens que je ne connais pas, mais je déteste les invitations pour rien, qui ne laissent pas beaucoup de traces.

## *Mon œil : Breughel, Vermeer, Rembrandt*

DOMINIQUE ROLIN : Très tôt, mes parents m'ont emmenée dans les musées en Belgique, et j'ai été d'abord impressionnée par les tableaux des primitifs flamands comme Hans Memling, les frères Van Eyck dont le génial Jan, Gérard David, Rogier Van der Weyden, dit de La Pasture, Hugo Van der Goes le Gantois, Dirk Bouts. Le noyau de mon écriture se trouve là. Il y a des tableaux austères et d'une grande religiosité qui m'ont ébranlée dès ma petite enfance. Sans le savoir, c'était moi. J'étais comme leur reflet, en attente de se réaliser... J'ai aussi tout de suite été fascinée par la cruauté de l'univers d'un Jérôme Bosch ou la magie de Breughel l'Ancien. J'en trouvais des correspondances partout autour de moi, dans les paysages et sur les visages des gens que je croisais dans les rues...

J'ai eu très naturellement des dons pour le dessin. Comme mon père dessinait lui aussi très bien et que je vivais dans un milieu où l'on aimait les arts, j'allais avec ma cousine Lucile, dont le père était mon oncle paternel — magistrat sévère —, chez une vieille demoiselle qui nous donnait des cours de dessin. Nous avions quatorze ans à peu près. D'abord, nous avons dessiné des anémones de Nice, que j'ai depuis toujours détestées ! Puis notre professeur a fait venir une superbe fille noire, que nous devions dessiner nue. C'était la première fois que je voyais une femme nue, ma mère était si pudique que je ne l'ai jamais vue autrement qu'habillée... Après cela, cette vieille fille si prude avec son petit cardigan et ses chemisiers sages a convoqué dans son salon un modèle homme dans le plus simple appareil, avec toutefois — détail comique — le sexe enveloppé dans un mouchoir noué. Cette vision a déchaîné, chez ma cousine Lucile et moi, des fous rires infinis, d'autant plus voluptueusement dévastateurs qu'ils restaient comprimés ! J'ai fait par la suite des études de dessin et je n'ai pas écrit avant l'âge de vingt ans... Je suis donc une visuelle, et le monde de la peinture a été capital pour moi. Toute la peinture, absolument toute ! Elle a créé mes bases dès l'enfance, cela allait de soi. Mais si les premières toiles que j'ai vues au musée m'ont tellement marquée, c'est qu'elles étaient liées intimement au pays dans lequel je vivais, la Belgique de cette époque. Je lisais Maeterlinck, j'aimais Breughel. J'ai connu ces paysages de bois qui ressemblaient à des églises, ces landes de bruyère de la Campine limbourgeoise, ces hivers froids, blancs et noirs de Bruxelles... Je les ai tellement sentis, mangés, digérés qu'ils sont ineffaçables et n'ont même jamais perdu leur éclat. Quand j'étais enfant, il y avait, dans la montée de l'escalier de la maison, une reproduction des *Chasseurs dans la neige*, de Breughel. J'étais déjà émerveillée par ce tableau, les arbres nus, le vol des corneilles, le lac sur lequel il y avait des patineurs... C'était très exactement ce qui existait au-dehors, lac et patineurs compris. Tout est d'une telle précision, rien n'est éludé chez Breughel ; et à partir de là peut se dégager l'invention quasiment magique qui sourd de la toile. Ce n'est pas un hasard si ce type de peinture a tellement intéressé les surréalistes.

Voilà des gens très concrets, très occupés par leurs tâches, mais à force d'être centrés sur eux-mêmes, ils se distancient du réel. C'est splendide, ces silhouettes très nettes qui paraissent s'en aller ailleurs... Aujourd'hui encore, je ne peux pas entendre une corneille sans me précipiter à la fenêtre ! C'est tout un univers d'enfance qui me dévale dessus et m'ensorcelle... On ne peut pas voir *La Journée sombre* sans voir les ciels de Belgique qui ne ressemblent pas à ceux d'ici. Breughel, c'est ma race, toute ma jeunesse ! Cette dureté, cette sévérité, ce ciel bas et les étangs transformés en patinoire, j'ai vu ça tous les jours d'hiver de ma jeune vie.

La vie n'est d'ailleurs qu'une sorte de réanimation de ce qu'on a vécu, les images viennent en foule et il y a une permanence du passé le plus lointain avec le présent le plus actuel. C'est un sentiment que j'ai très vivement ressenti en ce qui concerne Breughel. Ça colle avec mes couleurs intérieures, mes inquiétudes, mes angoisses et la bagarre qui est la mienne. Parce que je lutte avec moi-même sans arrêt contre quelque chose ou quelqu'un d'autre en moi. En France, on fait souvent de Breughel le peintre de la truculence et de la paillardise uniquement, mais il n'est pas que cela, c'est même très réducteur... Bien sûr, cette dimension existe, elle est importante, et on sent en lui ce désir de jouissance dans *Le Repas de noces*, *La Danse des paysans* ou *Le Pays de Cocagne*...

Mais il y a tout chez Breughel. D'autres peintres ont compté dans ma formation, mais lui, c'est un génie qui me convient ! Il sait d'emblée voir la cruelle, gourmande et souvent vicieuse Belgique. J'ai d'ailleurs écrit un livre sur lui, *L'enragé*, chez Ramsay en 1978, qui vient d'être traduit en chinois, et un autre à partir d'une de ses œuvres, *Dulle Griet*, l'année précédente, que les éditions Labor rééditent aujourd'hui. C'est un tableau que je peux rester des heures à regarder, j'y découvre toujours des éléments nouveaux.

J'aime cette fusion en lui de la sensualité immédiate et d'une grande religiosité, ce mélange de solidité gourmande et de piété imprégnée de magie. C'est tout à fait perceptible dans ses grandes compositions dont l'architecture est splendide. Que ce soit dans *Le Combat de Carnaval et Carême* ou *Le Triomphe de la mort*, sûrement l'un des plus grands tableaux jamais peints selon moi avec une telle audace. Il y a d'abord l'espace d'un grouillement général, mais en s'approchant, on tombe sur des scènes singulières, des détails qui ont leur importance... Toute l'humanité est représentée là. Des enfants jouent à saute-mouton sans se préoccuper de l'animation ambiante du *Combat de Carnaval et Carême.* Breughel donne dans *Le Triomphe de la mort* sa conception rêvée de l'univers du mal, c'est son côté terrible. Il crée des animaux monstrueux, il met en mouvement des bataillons de morts, il est allé au bout de la cruauté. Mais regardez, là, dans le coin, ces deux amoureux qui ne voient qu'eux. Ils sont à l'abri de tout, ils sont beaux, jeunes, frais... Il faut souvent chercher longtemps le sujet du tableau. Dans *Le Suicide de Saül*, on est pris par tout ce qui se met en place autour du drame, pas du tout visible au premier coup d'œil... Un tableau comme *La Tour de Babel* m'émerveille à chaque fois. J'ai été non pas influencée par Breughel, ce génie est à part, il est inaccessible, mais il m'a tout de suite plongée dans ce rêve éveillé qui ne m'a jamais quittée. J'avais déjà le désir d'observer et de connaître les rouages de l'amour, du bien et du mal. Comment voulez-vous que j'aie pu échapper à tout ce monumental enchantement que m'offraient les peintres flamands? Cette *Adoration des Mages* qui est à la National Gallery de Londres est très étrange. On entre dans le mysticisme de Breughel avec une jolie petite Marie ronde, un Joseph paysan. Mais regardez mieux... Vous ne trouvez pas que l'Enfant Jésus a l'air d'un petit vieux méchant? Et les Mages ont des trognes patibulaires. Breughel a été jusqu'au bout de son inspiration qui est plutôt celle du mal que celle du bien, même si celle du bien existe aussi... Et voici *La Pie sur le gibet*, un de ses chefs-d'œuvre. On voit d'abord l'immensité magnifique du paysage. On perçoit le silence, on voit l'oiseau qui passe... Puis, le gibet et le futur pendu qui approche au milieu des gens qui veulent assister au supplice. Tranquillité du lieu, horreur de l'événement à venir... Débrouillez-vous avec ça! *La Tempête*, son dernier tableau, fait frissonner. Il y a la mer déchaînée sur laquelle l'être humain n'est rien... S'il faut chercher souvent à la loupe les personnages principaux qui ne sont que des figurines dans ses tableaux à thèmes bibliques — saint Paul au milieu de gens qui marchent en montagne dans *La Conversion de saint Paul*, le Christ, dans *La Montée au Calvaire*, perdu dans une marée humaine — ici, toute trace d'humanité a disparu. L'homme est remis à sa place et il ne triomphe pas. Seul compte, éventuellement, l'esprit qui s'en dégage, s'il s'en dégage.

Vermeer, c'est tout à fait une autre dimension qui, dès l'adolescence, m'a aussi fascinée. Cela excitait peut-être en moi ce désir de confort que je n'avais pas tellement à l'époque... Aujourd'hui, mon intérieur est la réalisation de tout cela. Vermeer, c'est le Hollandais pur, il n'a jamais voyagé. Il est resté à Delft et il a eu une dizaine d'enfants. Dans presque toutes ses toiles, vous avez une fenêtre entrouverte sur un dehors qu'on ne voit jamais et, ce qui m'a toujours frappée, c'est qu'il y a souvent aussi des cartes de géographie ou des globes terrestres dans un coin ouvrant sur un univers extérieur qui n'est pas accessible, sinon comme image, mais dont il rappelle l'existence. Il y a très peu de toiles d'extérieur : *La Ruelle*, où une femme fait de la dentelle sur son seuil de porte et où le ciel est d'une délicatesse inouïe, et la *Vue de Delft*, sublime d'ailleurs, qui a inspiré Proust.

C'était le fils d'un tisserand, il connaissait et aimait les belles étoffes. Alors, vous avez tout un luxe bourgeois bien réel et très ancré dans la tradition du Nord, avec des merveilles de drapés lourds et richement tissés. On se sent entrer à l'intérieur du tissu : brocarts d'or, velours moirés, soies chatoyantes bleues, jaunes ou blanches sur lesquelles joue la lumière, qui vient de côté. Il y a chez lui un goût profond pour l'intimité et le silence. Donc, pour la musique. *Le Concert* est un chef-d'œuvre. L'espace du tableau est indiqué par des toiles accrochées au mur ou des miroirs, et sur le revers d'un clavecin, voici un paysage peint qui ouvre sur l'ailleurs. Au fond, l'espace, il l'a inventé, puisque chaque fragment est en soi un monde d'atmosphère, d'intimité et de secret. *Gentilhomme et dame buvant du vin*, *Gentilhomme et dame jouant de l'épinette*... La sensualité est présente partout : meubles, objets, tissus... Les corps ont beaucoup de grâce dans les gestes, le mouvement des mains, les yeux souvent baissés, la beauté de la bouche... Mais il n'y a pas de femme nue dans une toile de Vermeer, alors que c'est déjà la Renaissance en Italie où il y a cette explosion de la chair nue, offerte et parée. Ses tableaux demeurent énigmatiques, gorgés de désir, mais un désir retenu, contrôlé par une très grande pudeur... Rien n'est dit, et on peut tout supposer : la volupté à venir, la perversion, le vice. Cela reste un moment intermédiaire, toujours traité avec naturel et une absence volontaire d'effet. Nous sommes entre quatre murs, à l'abri des curieux. Les femmes lisent souvent des lettres... Dans *La Lettre d'amour*, on voit bien la complicité des deux femmes en présence. L'une a reçu une lettre de son amoureux, la deuxième est dans la confidence, et il y a une certaine excitation joyeuse, qui se doit d'être discrète... Un secret ne sera jamais dévoilé... Le monde extérieur est toujours aperçu comme une sorte de rêve... Cette *Peseuse de perles* suggère un Orient mystérieux. Comment voulez-vous que je n'aie pas été séduite par les bijoux en voyant ça?

Quand je découvre Rembrandt, toujours à peu près au même moment que Breughel et Vermeer, c'est un éblouissement. Il dure encore! Ce type devait avoir le génie du Temps. Il devait ressentir au plus profond de lui-même que la vie est tragique. Son existence personnelle l'était. Ses débuts ont été très difficiles et il est mort dans la misère... Alors, comment mieux le signifier sinon en suivant l'évolution d'un visage, le sien, à travers ses différents âges? On le voit donc jeune et beau, puis moins jeune, malade, malheureux... Le voici vieux, le nez rouge, le visage très amer avec toute son intelligence, cette lumière intérieure restée intacte malgré la déchéance... Il ne s'épargne pas; la cruauté vis-à-vis de lui-même est constante. Le visage sort des ténèbres, c'est une planète dans l'obscurité, et c'est poignant. La mort est toujours embusquée quelque part. Toute son œuvre est une prise de conscience de la dramaturgie de la vie; et son génie, une trouée dans le temps, comme un cosmos intérieur qu'il faut faire flamber.

Il a refusé la hiérarchie des genres, traite l'Histoire comme personne avant lui, de façon quasiment expressionniste, et les mystères de la foi avec un nouveau réalisme fantastique; il a bouleversé les techniques admises à son époque, en éclairant par exemple les visages par en dessous avec un culot incroyable... Ou alors, comme dans le travail d'un cinéaste qui aurait du génie, on ne sait pas d'où vient la lumière... Les visages sont comme des lampes allumées dans le noir. Il y a toujours des sources lumineuses qui ne peuvent être situées normalement et viennent mettre une flamme devenue immédiatement intérieure, comme ensevelie, enfoncée à l'intérieur de ses personnages. Les chairs sont toujours extraordinairement éclairées dans la nuit qui, chez Rembrandt, est souveraine. Elle est comme une vague déferlante sur le jour. Son sens de la composition a dû fasciner quelqu'un comme Delacroix. Ses tableaux sont comme encadrés par une sorte de mise en scène nocturne... La nuit domine. Volupté éclatante de *La Ronde de nuit* : au milieu des jambes de la soldatesque, une petite fille blonde comme une fée perdue... Nuit terrible de *Samson aveuglé par les Philistins,* nuit embrasée au loin par le désastre dans *Jérémie pleurant sur la ruine de Jérusalem.* Il avait toutes les audaces et le sens des contrastes. Rien n'est décoratif, ça correspond toujours chez lui à une nécessité dramatique. Les mains sont aussi importantes que les visages, elles ont une sorte de violence vivante indépendante des corps. Et sous la somptuosité des vêtements, existe une science des corps prodigieuse. Regardez la fameuse *Leçon d'anatomie.* C'est une scène interdite, qui a dû bouleverser les gens de l'époque. Mais il ose tout, parce que c'est un génie. Chaque visage devant le corps qu'on dissèque est fascinant. Il y a ceux qui ont peur, celui qui est curieux de façon morbide, le mondain qui n'est pas rassuré, l'indifférent, le maître qui enseigne, l'inquiet qui regarde autour de lui... Les détails psychologiques sont criants de vérité, la structure d'ensemble est inouïe : c'est un chef-d'œuvre ! Et, chaque fois, on a l'impression qu'il explore charnellement l'intérieur des corps, pas seulement du corps disséqué, bien sûr. Il a eu la révélation de ce que peut être l'intériorité humaine dans toutes ses dimensions, physique, morale, mentale et mystique, et il n'a eu de cesse de la fouiller. Pour moi, c'est le plus grand !

## *De la musique*

Dominique Rolin : Il y avait un piano chez nous quand j'étais enfant, un piano droit. Mon père pianotait toujours le même air, il connaissait quatre notes de Haydn. Comme cela se faisait dans les familles bourgeoises, maman a voulu que j'apprenne le piano. Je n'ai rien pu apprendre du tout ! D'abord, parce que je haïssais le solfège et ensuite, parce que cela ne m'intéressait pas du tout. J'ai donc abandonné, je n'étais pas douée de toute façon, alors que je l'étais pour le dessin. Ma mère n'a pas insisté, le piano est resté dans le salon comme une sorte de petit monument un peu rétrograde. À part mon père avec ses quatre notes de musique, personne n'y touchait. Il a acheté à l'époque ce qu'on appelait un Gramophone. On remontait la manivelle ! Comme il avait beaucoup de goût dans le choix des disques, j'ai eu tout de même une première initiation à Mozart, Haydn... Et puis, il y avait aussi ce qu'il appelait de la « musiquette », de la musique sans grand intérêt, mais c'était gracieux, léger. Et nous avons écouté tout cela un peu dans le désordre, c'était très morcelé... Mais maman n'entendait rien, elle était sourde, et papa était d'abord un visuel. Heureusement, il avait une sœur, tante Nanette, qui avait épousé un musicologue, professeur au Conservatoire de Bruxelles, Charles Van den Borren. Il avait des rapports avec les musiciens du monde entier, il est d'ailleurs à l'origine de la redécouverte de toute la musique du Moyen Âge, et j'étais très proche de leur fille, ma cousine Marianne, mariée plus tard à un musicien américain, Safford Cape, qui a fondé la « Musica Antica ». Un autre univers s'ouvrait à moi.

Quand j'ai rencontré Bernard, nous avions juste la radio et nous n'écoutions jamais spécialement les émissions musicales. En fait, je me suis demandé par la suite, à cause de mon amour pour la musique, s'il n'y avait pas eu une sorte de base inconsciente préexistant à ce goût révélé plus tard avec une telle profondeur, puisque, dès que Jim est entré dans ma vie, elle est devenue pour moi aussi une évidence. *Une curieuse solitude*, le premier livre qu'il venait de publier quand nous nous sommes rencontrés, était déjà très musical. Je me souviens de l'avoir ressenti comme tel...

Je me souviens aussi très bien de ce qu'il m'a fait entendre d'abord, c'était Schubert. Il avait une discothèque importante, tout son argent y passait. Il allait chez Vignal à Saint-Germain-des-Prés pour choisir ses disques, et il écoutait donc Schubert, et Haydn, Mozart, Bach, et puis du jazz. Il était fou de jazz, et moi aussi, avant de le connaître. Je me rappelle une chanteuse entendue à Bruxelles, Marianne Anderson, une grande vedette de l'époque de ma jeunesse. Elle avait l'envergure d'une Ella Fitzgerald que je suis allée écouter plus tard, quand j'étais en vacances chez Florence Gould à Juan-les-Pins. J'aime cette rythmique décalée, les arrêts, les brusques débouchés au sommet d'un précipice dans lequel l'artiste se retient d'abord de tomber, puis tombe en acceptant la chute et remonte ensuite. C'est prodigieux. À Bruxelles, quand j'avais vingt ans, j'étais entourée d'une bande de garçons qui m'emmenaient écouter du jazz. C'était bouleversant de découvrir cela... Un choc, comme de rencontrer par hasard dans la rue un beau visage. J'ai tout de suite pensé que c'était la musique de notre temps.

PATRICIA BOYER DE LATOUR : Qu'est-ce qui vous a touchée d'abord ?

D.R. : Le rythme, la sauvagerie, la liberté extraordinaire de composition dans le jazz, ces sortes de contradictions de la musique. Je me demande si ça ne m'a pas influencée sur le plan même de l'écriture... J'y ai appris une certaine manière d'être et de vivre, donc d'écrire. Bien avant Jim, mais il a tout réactivé.

À vingt ans, je n'avais aucune conscience que l'écriture et la musique sont liées. Mais j'allais assez souvent aux concerts à Bruxelles, une ville qui était très mélomane, parce que la reine Élisabeth l'était elle-même, et donc tous les grands chefs d'orchestre sont venus. Il y a eu des concerts splendides. J'ai découvert Bach à travers les premières interprétations d'orchestres dirigés par Karajan, qui débutait. Je me souviens d'un pianiste polonais venu jouer Chopin, il s'appelait Braïlowsky. Étaient-ce mes origines en partie polonaises ? Je n'en savais rien à l'époque... Mais j'avais été complètement retournée, au point de pleurer tout le long du concert, alors que je pleure très rarement ; en public en tout cas ! J'ai tout de suite adoré Stravinsky, à cause de sa violence et de son énergie. Et Beethoven aussi, parce qu'il y a tout dans Beethoven, c'est tellement fort. C'est un maître à penser, un héritier de Haydn d'une grandeur, d'une liberté et d'une révolte absolues... Sa musique est toujours liée à son époque par la dureté révolutionnaire de son œuvre. J'ai immédiatement détesté Wagner. C'est une musique qui ne me disait rien du tout, une musique ennuyeuse et lourde. Je n'ai jamais eu de passion pour Ravel, et pourtant, j'ai entendu il n'y a pas si longtemps le *Boléro* (une scie épouvantable quand c'est mal joué) dirigé par Pierre Boulez avec une finesse telle que j'en ai senti la beauté renversante et la plénitude. Je n'ai pas aimé Debussy non plus, pour d'autres raisons.

P.B.L. : Trop français ?

D.R. : Oui ! (*Rires.*) C'est un sujet de discussion entre Jim et moi... Par exemple, il aime beaucoup la musique française du XVIII^e^ siècle, Marin Marais, Lully, Rameau, etc. Et moi, pas vraiment. Il y a des compositions de Rameau qui peuvent m'intéresser bien sûr, mais au fond, je ne suis pas attirée par ce genre de musique, ça ne me bouleverse pas. Ce n'est pas juste ! Debussy m'ennuie aussi, je ne le connais pas assez et je n'ai pas tellement envie de le connaître ! Il faut avoir une attirance sensuelle presque inconsciente pour aimer un artiste... Alors que j'ai une vraie passion pour la musique italienne. Quand Jim m'a fait découvrir Gesualdo, ce fut pour moi un choc extraordinaire. Ce qui m'a émerveillée, c'est l'acidité de cette musique pointilliste, qui peut-être rejoint ce que j'aime dans le dessin : une grande précision. Et puis constamment, ces renversements d'énergie... Une musique féerique, pas toujours agréable d'ailleurs, grinçante parfois, presque nasale... Mais j'en sentais la richesse. Bien entendu, Vivaldi a été exactement comme si Venise venait à notre rencontre... C'est d'ailleurs à ce moment-là que je découvre Venise. Et puis bien sûr Mozart, tout Mozart. Qu'est-ce qu'il a de différent, d'irréductible ? Mais c'est le Dieu de tous les musiciens, le génie incontestable. On ne s'en lasse jamais. Certaines interprétations de ses œuvres, *Les Noces de Figaro* dirigées par Ferenc Fricsay par exemple, sont indépassables. Il y en aura d'autres, peut-être aussi belles, mais différentes...

P.B.L. : Quand écoutez-vous de la musique ?

D.R. : Quand Jim est là. Seule, je n'ai pas besoin d'en écouter. De toute façon, mettre un disque en route, tourner les boutons qu'il faut, c'est compliqué pour moi à cause de mes mauvais yeux et de ma maladresse. Je ne me déplacerais plus pour assister à un concert, je n'aime pas ce contact avec d'autres dans une salle. J'aime écouter de la musique avec Jim. Dès qu'il arrive ici, son premier geste est de mettre un disque ou la radio.

Ce qui m'étonne toujours, c'est que de temps en temps on donne des œuvres de musiciens oubliés, des baroques italiens en particulier, qui sont fabuleux et pourtant effacés de la mémoire des hommes... Écouter de la musique avec Jim m'a fait comprendre notre complicité et, plus encore, cette sorte d'instantanéité de sentiments et de sensations vécue de manière quasiment télépathique, ainsi que le sens mystérieux de la création. Avec la musique secrètement liée à la littérature, on rejoint la poésie en ligne droite.

P.B.L. : Faut-il être heureux pour écouter de la musique, ou bien la musique apporte-t-elle le bonheur ?

D.R. : La musique est un porte-bonheur, c'est-à-dire un élément offert comme un espace de jouissance totale à travers le temps où tout se mêle, les sons et les mots.

J'ai d'ailleurs une passion pour les voix, celles d'Elisabeth Schwarzkopf, Kathleen Ferrier, Marilyn Horne, Gundula Janowitz, et celles de Fischer-Dieskau ou du haute-contre Alfred Deller, aujourd'hui celles de Cecilia Bartoli et de beaucoup d'autres... Les voix d'enfants aussi me fascinent, ce côté perçant et magique qu'ils apportent à une œuvre lorsqu'ils sont dirigés par de grands chefs d'orchestre. On ne peut pas confondre une voix de petit garçon et celle d'une jeune femme... Dounia, mon arrière-petite-fille de treize ans, est élève au Conservatoire de Paris, elle chante Mozart dans des chorales ; elle est douée et ça me touche...

J'ai des enregistrements anciens de chanteurs que plus personne ne connaît et qui sont pourtant merveilleux. Et d'autres qui ne sont plus écoutables, et qui étaient de magnifiques interprètes. Je pense à toutes ces vies de musiciens qui projettent dans la mémoire des champs de fleurs, des vergers de fruits admirables, des vies qui se livrent entièrement, et puis qui disparaissent. Que ces êtres, qui ont donné tout d'eux-mêmes, et beaucoup plus qu'eux-mêmes, parce qu'ils se dépassent à chaque fois dans un concert, soient oubliés, cela me fait souffrir... Je me souviens du très grand chef, Bruno Walter, aussi connu que Furtwängler à l'époque, c'était la ruée à Bruxelles quand il venait. Un grand musicien met en route tous ses sens, pas seulement l'oreille mais le corps tout entier et son âme, jaillissants comme un organe de plus qui se forme, s'exprime et vient à nous pour nous appartenir.

Mais la technique change, les voix aussi. Et puis, un nouveau regard sur une œuvre, c'est une nouvelle âme. Martha Argerich et sa férocité féerique au piano, le pianiste Buchbinder qui joue Bach magnifiquement, Murray Perahia et son Mozart... C'est à la fois singulier et complètement universel. On peut écouter sans fin certains disques, il y a une surenchère de la beauté et du génie. Le Temps est le grand maître de tout, c'est lui qui manipule les artistes les plus talentueux dans l'interprétation des œuvres... En ce qui me concerne, je crois qu'une certaine liberté d'écriture ne peut naître qu'à travers le son.

P.B.L. : *Journal amoureux* est un livre à la fois très musical et très libre... Écrit sous le signe de Bach et du jazz ?

D.R. : Je crois qu'il y a des correspondances entre ces deux univers musicaux. Tout joue d'une manière extrêmement discrète. L'être est transformé dans le temps à mesure qu'il est nourri de musique. Je suis habitée par elle depuis si longtemps, elle me modifie peu à peu et se reverse sur ce que j'écris. Je suis certaine d'avoir accompli d'énormes progrès en écriture à partir du moment où j'ai été mise, grâce à Jim, en contact étroit avec la musique. Et cela n'a jamais cessé, ça s'est même amplifié : *Journal amoureux* en est sûrement la preuve. Je m'attelais pour la première fois de cette façon à la question du temps. L'histoire traverse quarante ans ou quarante siècles, et des instantanés de minutes, des éternités de secondes... C'était assez casse-gueule au fond ! J'ai tenu à ce que ce soit décanté, tendu, condensé comme dans la musique baroque. Et je voulais une cohérence dans le temps à laquelle je n'avais jamais pensé jusque-là, en sorte que le passé et le présent se lisent... « maintenant ». J'aime ce mot, il m'intrigue et m'intéresse. J'en ai fait le titre d'un de mes romans, d'ailleurs. Dans mon vieux Littré en loques, j'ai relu ce qui le concerne : maintenant, adverbe et participe présent du verbe maintenir,

tenir en main. Je m'en suis servie pour le départ de *Journal amoureux*.

P.B.L. : Comment écoutez-vous la musique ?

D.R. : Jim s'assied à ma place, à mon bureau. Je suis sur le fauteuil de cuir qui se trouve devant, et je le regarde. C'est lui qui choisit la musique en passant en revue notre continent musical, et elle convient toujours à l'humeur du moment. Il connaît par cœur tous les opéras de Mozart, Haydn, Monteverdi... Il a son cahier de notes, son stylo à la main, il écoute, il me regarde, il fait un geste pour m'indiquer ce qui va suivre, et qui arrive immanquablement ! Il a une mémoire musicale ahurissante, il connaît tout. L'osmose entre la musique et lui est fabuleuse, je n'ai jamais vu ça... Je n'ai même jamais cru ça possible. Il peut écrire tout en fredonnant le passage musical en cours. En fait, il aurait aimé être musicien, clarinettiste surtout, ou trompettiste. De toute façon, il était doué pour tout !

Je me souviens de nos premières rencontres dans le hall de l'hôtel Saint-Thomas-d'Aquin. Il y avait un piano. En attendant que je le rejoigne, il jouait sans avoir jamais appris. Il faisait des accords compliqués et beaux en improvisant au fur et à mesure. Il aurait pu être musicien... D'ailleurs, il l'est dans sa façon d'écrire. Cette mémoire phénoménale qu'il a de la musique, il l'a aussi pour la littérature. Il peut citer des poèmes entiers de Rimbaud, Baudelaire, Lautréamont... Et c'est encore de la musique.

Tout ça m'a probablement peu à peu habillée... Vous savez, quand je suis arrivée en France, j'étais une petite chose d'instinct pur, sans véritable formation. J'avais beaucoup lu, c'est vrai : en vrac, tout Balzac, Flaubert, les grands romans anglo-saxons, Katherine Mansfield, Virginia Woolf, Flannery O'Connor, et Melville, Faulkner, tous les poètes, Edgar Poe, Baudelaire... Au moment où j'ai entendu parler de Proust dans ma famille, il y avait deux clans : ceux qui y étaient opposés, ma mère surtout; et les dissidents, ma tante Nanette et mon oncle Charles, tous deux fous de musique, qui le défendaient. J'ai tout lu avec une sorte d'appétit insatiable. Et j'ai un œil ! Jim m'a souvent dit que j'avais plus d'œil que lui. J'ai de mauvais yeux, mais j'ai un œil ! (*Rires.*) Il a aussi une adoration pour la peinture, mais je me souviens que, tout à fait au début de notre rencontre, il y avait une grande exposition Nicolas Poussin et il m'avait dit que cela ne l'intéressait pas. J'ai insisté et nous y sommes allés : ce fut une révélation presque religieuse pour lui. Il y a dans certaines rencontres un côté magique. On échange ses dons, on est tout le temps à la disposition de l'autre, on apporte le meilleur de soi, même si chacun garde ses préférences. Une vie sans musique serait impossible pour nous.

P.B.L. : Encore faut-il être accordés...

D.R. : Écouter de la musique avec quelqu'un, c'est un test... J'ajouterais : comme de marcher avec quelqu'un dans la rue. Tout est lié. C'est de l'ordre d'une rythmique musicale, cela va beaucoup plus loin que le fait de mettre un pied devant l'autre. Écouter de la musique ensemble, c'est comme si l'on marchait à deux... La marche, la musique sont deux manières d'avancer dans le temps; elles signent la faculté de cadencer ce temps qui vous est donné en secret et dont on peut faire l'usage que l'on veut. En fait, il s'agit, dans l'un et l'autre cas, de mettre le temps en pratique...

P.B.L. : Sans faux pas, sans fausse note ?

D.R. : Voilà. Il y a des êtres que j'aime avec lesquels je suis incapable de marcher, c'est une douleur qui vient du fait que la marche n'est pas accordée. Et d'autres, avec lesquels je marche merveilleusement, comme Lise, ma petite-fille, parce que nos pas s'accordent. J'ai gardé le souvenir de mes marches avec maman, et Dieu sait si je la critiquais souvent, mais nous marchions sans l'ombre d'un faux pas. J'aimais aussi marcher avec Bernard, j'aime marcher avec Jim. C'est très mystérieux, mais il m'est impossible de marcher sans que mon pied gauche soit accordé au pied gauche de la personne qui m'accompagne. Il y a aussi une écoute dans la marche, une écoute et une entente inconscientes. Compter mentalement les pas peut apparaître comme une sorte de calcul enfantin, mais c'est nécessaire pour l'harmonie profonde. Les gens qui ne peuvent pas marcher ensemble, il y a quelque chose qui ne s'accorde pas entre eux sur le fond. Vous voyez quelquefois dans la rue une personne qui ralentit, s'arrête devant une vitrine, alors que l'autre continue et revient en arrière... Je ne peux pas l'imaginer avec Jim. Il faut qu'il y ait une harmonie de la pensée, de la parole, du mouvement, et un accord entre ce qui est en train de s'échanger entre nous, y compris dans le silence. Il faut aussi rythmer le silence.

P.B.L. : Qui fait partie de la musique...

D.R. : Ah ! tout à fait, nous nous taisons beaucoup. Le silence est une parole différente de la parole écrite ou parlée, mais c'est une source de parole qui s'accorde ou vient en contrepoint de la musique.

P.B.L. : Et si je vous demandais quelques titres de votre discothèque idéale...

D.R : *La Création* de Haydn dirigée par Karajan, *Ode à sainte Cécile* de Purcell par Alfred Deller, les *Cantates* de Bach par Nikolaus Harnoncourt, *Les Noces de Figaro* sous la direction de Ferenc Fricsay, *Selva morale et spirituale* de Monteverdi par Corboz, *Orlando furioso* de Vivaldi avec Marilyn Horne, la symphonie « Héroïque » de Beethoven par Karajan, et bien sûr du jazz, les duos Louis Armstrong, Ella Fitzgerald, par exemple... La musique tient une place fondamentale dans notre existence, toute la musique. Mais ces œuvres sont des repères si intériorisés qu'elles nous accompagnent à chaque instant de notre vie... Les écouter, c'est se retrouver.

## *Silence*

PATRICIA BOYER DE LATOUR : Besoin absolu de silence, dites-vous...

DOMINIQUE ROLIN : Oui, vivre pour moi, c'est considérer le silence comme le matériau premier de l'atmosphère. Je peux rester silencieuse très longtemps. C'était comme ça du temps de Bernard, c'est comme ça aussi avec Jim. Nous pouvons rester des heures sans parler. À Venise, nous pouvons travailler en nous tournant le dos, sans nous voir, tout en ressentant la force magnétique du silence qui est là. Le silence est offert à tout individu, mais beaucoup le négligent sans se rendre compte de cette merveille.

P.B.L. : Ils en ont peur, peut-être ?

D.R. : Je ne me suis jamais interrogée là-dessus, je préfère garder le secret pour moi toute seule. (*Rires.*) C'est quelque chose que je ne dirais pas à n'importe qui... Je vous le dis à vous, parce que je sais que vous comprenez.

Il y a des choses impalpables dans la vie et qui n'ont l'air de rien. Je vais par exemple de temps en temps acheter des timbres dans un bureau de tabac près de chez moi. Le père s'occupe du côté café et le fils du côté tabac. J'avais toujours eu des rapports utilitaires avec ce garçon. J'avais besoin de vingt timbres, il me les posait devant moi, je les prenais et c'était tout. La mère, qui a disparu depuis un certain temps, était une sorte de virago, on la sentait méfiante, sans la moindre gentillesse. Mais au fond, c'est merveilleux la gentillesse dans la vie... la gentillesse avec des gens qu'on ne connaît pas, qu'on ne reverra jamais. Le garçon, donc, était comme ça, froid, indifférent : le buraliste avec un grand B ! Aujourd'hui, j'avais besoin de timbres, je me rends à son comptoir et il avait là un vase avec deux roses splendides, une rose et une blanche. « Mon Dieu, qu'elles sont belles ! » ai-je dit. Et là, son visage s'est complètement ouvert. Il a approché le vase et il a dit : « Maintenant elles sentent un peu moins fort, mais sentez-les. » Et le nombre de gens qui ont l'idée de sentir les fleurs est archirare... À ce moment-là, il s'est passé quelque chose chez ce garçon apparemment banal. La vie est pleine d'événements de ce genre, tout le temps !

P.B.L. : Échange fugace, inattendu, improbable.

D.R. : Il n'y a pas très longtemps, et je ne dis pas ça par vanité ou prétention, j'étais dans une rue vide et je croise une jeune femme qui s'arrête à ma hauteur. Elle me dit : « Vous êtes Dominique Rolin ? » Je réponds : « Oui. » Et elle : « Je vous vénère. » (*Rires.*) Elle a disparu, je ne sais pas qui elle est...

Il m'arrive souvent des petits incidents minuscules comme celui-là, qui sont très importants, car je continue à douter de moi tout le temps. Je me sers d'ailleurs probablement du doute pour m'assurer plus profondément dans ma vérité. Cela fait partie de mon alchimie personnelle, c'est une certaine technique ou alors de la magie. Et je crois que, lorsqu'on est écrivain, il faut toujours être au bord de ce genre de petit miracle qui passe sans laisser de trace autre que celle qu'on enregistre tout à coup dans le silence. C'est comme une note qu'on entendrait résonner musicalement en soi. On n'oublie pas ce genre de choses, alors qu'on oublie tout le reste... On oublie la grossièreté, l'hypocrisie, la mesquinerie. Je hais la rancune, c'est laid, c'est un déchet.

P.B.L. : La rancune produit d'ailleurs beaucoup de bavardages, on est en plein dans la comédie.

D.R. : En société, il y a des parois de refus qui bruissent de toutes sortes de réprobations. Prenez par exemple l'obligation de porter une cravate dans certains endroits (c'est encore le cas dans quelques grands restaurants), eh bien, c'est complètement désuet, un homme peut être élégant sans cravate, et pourtant ils y tiennent ! À mon époque, j'ai été une des toutes premières jeunes filles à sortir sans chapeau, c'était considéré comme de la subversion. Alors, le pantalon, n'en parlons pas.

P.B.L. : Ou plutôt si, j'imagine qu'on en parlait en s'indignant !

D.R. : Les gens refusent le silence, en se créant des tabous qui les enferment. Il y a quinze ans, quand j'allais à Bruxelles, je déjeunais dans le train. On se regardait, les êtres devenaient des entités, on pouvait se rencontrer. Mais depuis que le Thalys rejoint Bruxelles en une heure quinze, plus personne ne regarde personne. Les gens s'installent, ils ouvrent leur ordinateur et il n'y a plus d'êtres humains autour d'eux. Plus aucune possibilité de contacts, et ça n'a rien à voir avec le silence ! C'est au contraire une sorte d'aveu de bavardages à l'envers avec une machine, une fuite en avant.

J'ai vu un documentaire sur Wall Street absolument fascinant. On y découvre un univers déshumanisé, où des hommes sont assis devant une armée de téléphones, d'ordinateurs et ils correspondent entre eux, par l'intermédiaire d'écrans, en envoyant et en recevant des messages concernant l'argent. Ils sont là pour ça, c'est ça qui compte pour eux uniquement à ce moment-là. Et alors, de temps en temps, se réveille en eux la créature humaine. Quand ils ratent un échange important qui se chiffre en millions de dollars, il y a « la » réaction de rage ou de dépit au milieu du bruit environnant... C'est très curieux. Ils n'ont même plus de visage, parce qu'ils n'ont plus d'expression autre que stéréotypée. Ils vocifèrent, ils s'agitent, ils gesticulent, ce pourrait être des mannequins dans des matières de plus en plus sophistiquées. On finira peut-être par créer un être humain éternel de cette manière.

P.B.L. : Eh bien, voilà une description de l'enfer sur terre... (*Rires.*) Pourquoi tenez-vous tant au silence ?

D.R. : Parce que les mots sont comme des fleurs du silence, un alphabet du silence. Ils jaillissent à l'intérieur de ma tête avant que je ne les écrive. Tout d'un coup, ils me poussent à les poser sur une feuille de papier, qu'ils soient intéressants ou non, que je les biffe ou que je les garde, peu importe, mais c'est l'essence même du silence. J'ai toujours eu horreur des discours et des conférences, je ne peux pas les supporter parce que, dans le fait d'écouter quelqu'un, interviennent la voix, les rythmes de l'élocution, les gestes des gens qui parlent. Quand j'écoute un journal à la radio, je suis émerveillée de voir à quel point les gens sont inconscients de ce qu'ils y mettent d'eux-mêmes. Il y a les lambins qui traînent, il y a ceux qui vont trop vite, ceux qui ont un langage ridicule...

Les mondanités sont inutiles la plupart du temps. Il faut se défendre contre la marmite sociale ! Je ne me laisse pas entraîner car j'ai besoin de plus en plus de silence. Pendant vingt ans, je suis allée à tous les déjeuners littéraires organisés par Florence Gould à l'hôtel Meurice. Elle avait, disait-on, une certaine influence et pouvait faire entrer à l'Académie française ceux qu'elle protégeait. C'était une société brillante où venaient de nombreux académiciens. Ils ont toujours été très gentils avec moi, très corrects, mais c'était de la mondanité... Un seul homme m'a touchée par son talent et sa manière d'être, c'est Paul Morand. Il était extrêmement réservé, plein d'humour, un humour qui créait la distance toujours, et je crois qu'il m'aimait bien. Pendant des années, je lui ai envoyé mes livres et il était le premier à réagir... J'ai des petits mots de lui, très courts. Entre nous, cela n'a pas été une amitié d'échanges, plutôt des signes de reconnaissance et de sympathie dans tout ce décorum mondain de l'hôtel Meurice, mais c'était de l'amitié. Un autre homme avec qui j'ai eu un contact merveilleux, c'est Marcel Aymé. Un muet ! Il ressemblait à Buster Keaton, pas beau du tout, très étrange, des yeux globuleux avec la paupière un peu tombante, et il ne parlait pas. La première fois que je l'ai rencontré, c'était par Georges Charensol, un grand copain de Bernard, qui dirigeait *Les Nouvelles littéraires*... Mais nous ne nous connaissions pas personnellement tous les deux. En 1958, l'homme de théâtre André Barsacq a monté ma pièce, *L'épouvantail*, qui a d'ailleurs été un bide terrible ! Pour la première, Marcel Aymé m'a envoyé une corbeille de fleurs avec un petit mot me disant : « Je vous aime. » Nous n'avions jamais parlé ensemble, j'étais très émue. C'était beau, ce geste, ces fleurs, ce mot... On sentait la profondeur et le secret de cet homme. Tout était beau en lui au sens où il faut l'entendre... Il est mort quelques années plus tard, et moi qui ne vais jamais voir les morts — je n'ai pas voulu voir ma mère ni mon père — j'ai téléphoné à sa femme et je lui ai dit : « Je voudrais le voir. » Il habitait Montmartre, dans un intérieur modeste alors qu'il avait gagné beaucoup d'argent. Sa femme m'a emmenée dans la chambre où il était étendu sur son lit, habillé en noir presque comme un personnage de Daumier, la tête tournée vers la fenêtre, paisible. Il n'y avait personne et ça m'a énormément marquée. J'ai gardé le souvenir de ce visage apaisé... Marcel Jouhandeau, que je voyais aussi dans ces déjeuners littéraires chez Florence Gould, m'avait dit un jour curieusement : « Je souhaite que vous veniez faire mon portrait sur mon lit de mort. » Je ne l'ai pas fait, bien sûr. Mais je l'aimais bien. Il était remarquablement intelligent, très beau, un peu oriental, très compliqué, mais pas imbu de sa personne, même s'il était entièrement tourné vers lui-même... Je n'ai jamais voulu entrer dans la vie intérieure des autres, je n'ai même jamais voulu cultiver ces amitiés. Elles étaient d'ailleurs presque indicibles, j'ai préféré le silence.

P.B.L. : Et le silence est fait de quoi pour vous ?

D.R. : Il n'est fait de rien, il ne fait rien, il est. Quand vous vous promenez dans une forêt, le silence est souverain. Quand vous choisissez d'aller faire quelques pas du côté du Rialto, c'est l'envers du silence, mais ça le constitue aussi, c'en est l'autre face. Quand vous marchez dans New York au milieu du vacarme, l'architecture est tellement belle que ce sont des instants inoubliables... Tout ça est resté en moi, ce sont des souvenirs qui m'éblouissent encore et m'accompagnent, chaque fois comme un ornement de plus dont je pourrais me parer. Peut-être est-ce pour cela que je suis assez bijoutée ! (*Rires.*) Il y a en tout cas des moments de grâce infinis, tout à fait inattendus dans la vie, qui vous tombent dessus à l'improviste et qui s'ajoutent un à un jusqu'à former une caisse à trésors.

P.B.L. : Presque personne n'est conscient de ce que vous venez de dire... Pour beaucoup, tout se passe comme si, une fois vécu, tout retournait au néant définitif et au tintamarre en continu, qui rend une chose égale à une autre. Tout est sur le même plan, donc sans aucune valeur. Et puis, le temps qui passe est souvent vu négativement, avec la mort au bout, jamais envisagée d'ailleurs. Au fond, les gens vivent souvent dans la soustraction d'eux-mêmes, alors que vous êtes dans une autre dimension du temps. Vous notez les richesses d'instants en plus, et qui échappent magiquement par votre regard à la masse des jours.

D.R. : J'ai non seulement des caisses de trésors, mais aussi des villes de trésors, des pays de trésors, surgis par hasard et qui ne bougent plus. J'en fais des livres évidemment, mais pas de tout. J'aurais dû pouvoir vivre cinquante ans de plus, alors peut-être serais-je arrivée à dire tout... (*Sourire.*) Enfin, les livres restent un peu, même si personne ne peut en assurer la durée. J'ai vu tant de livres lancés, enflammer l'atmosphère, obtenir tous les succès possibles (presse, télé, ventes, prix, etc.), et puis, le silence total... Ils tombent au fond du trou. Vous voyez la mer, et vous avez l'impression que flop, flop, ça tombe dedans; et plus rien, on ne sait pas pourquoi. Au contraire, il y a des écrivains qui restent muets sur leur vie et travaillent dans une sorte d'ombre. Et peu à peu, le temps les éclaire au lieu de les éteindre. Le temps est tout, en fait : il allume ceux qui méritent d'être allumés.

Ce que j'aime beaucoup chez vous, c'est que vous faites trois activités simultanément : vous me regardez, vous écrivez en même temps à toute vitesse, vous enregistrez. Je n'ai jamais vu personne agir de cette manière !

P.B.L. : Disons que je ne veux rien perdre. (*Rires.*)

D.R. : Vous êtes aussi méthodique, exacte, pas timide, très attentive. Et il n'y a pas de naïveté en vous, vous êtes au courant des choses. Au fond, pour chacun d'entre nous, c'est le même problème : il faut trouver la porte d'accès à soi-même, et donc à l'autre. Et pour cela, il faut d'abord faire silence en soi.

P.B.L. : Vous avez aussi fait silence sur votre vie.

D.R. : Du temps de Bernard, ce n'était pas nécessaire. Il a divorcé, ça s'est imposé de soi-même, et il a tout de suite vécu avec moi. Sa femme, qu'il estimait beaucoup, a accepté cette situation. Elle avait d'ailleurs tout le temps des aventures et Bernard disait en riant à cette époque-là qu'il était le mari le plus cocu de Paris. Tous les écrivains qui venaient poser pour Bernard arrivaient dans l'atelier où nous avons d'abord habité. Nous avions une vie sociale, même si nous ne recevions que très peu de monde à la fois. Comme nous n'avions pas d'argent et personne pour nous aider, il faisait le cuisinier et il le faisait merveilleusement bien, et j'étais son marmiton. Un accord tacite s'était créé entre nous, en sorte que nos rapports avec le monde extérieur étaient harmonieux. Il n'y avait pas de secret à tenir. Nos heures de silence étaient respectées. Il avait son atelier à Paris, je travaillais dans un coin. C'est magique, l'écriture, ça ne fait pas de bruit. On écrit tout le temps et partout, on peut se passer des outils matériels, ça ne pèse pas, l'écriture. Ce n'est qu'un travail interne, qui vous enveloppe complètement. Même quand on a l'air de perdre son temps, on écrit. On écrit sans cesse. Quand nous avons acheté la maison de Villiers-sur-Morin, il avait fait du pavillon de gardien son atelier de sculpture et moi, je travaillais dans le jardin. J'ai toujours aimé travailler dehors.

Quand j'ai rencontré Jim, il a fallu creuser cette question du secret et du vrai silence. Ce silence, il en a un besoin absolu, ce qui ne nous coupe pas l'un de l'autre. Nous sommes constamment l'un avec l'autre quand nous sommes ensemble, mais il y a des heures réservées pour chacun. Ça ne se travaille pas du tout, c'est ou ce n'est pas. Et là, ça a été immédiat, sans paroles. Cela s'est fait comme s'il s'agissait d'un organe de plus, un organe d'entente et de complicité, accepté par l'un et par l'autre. Jamais nous ne lisons une seule ligne du manuscrit de l'autre, jamais nous n'en avons même l'envie. L'écriture reste strictement dans les limites d'un corps, d'une tête et d'une volonté jusqu'au bout de l'œuvre avant publication. Je ne pose aucune question, il ne m'en pose pas lui-même. Quand nous parlons ensemble, il y a des petits flambeaux qui s'allument. Nous sommes d'accord, nous sommes accordés. Il s'agit d'un accord musical : nos silences peuvent se joindre de temps en temps, éclater, ou bien se prolonger sans qu'il y ait le moindre problème.

P.B.L. : Et puis, il y a cet autre silence sur votre vie qui s'est organisée, à partir de cette rencontre.

D.R. : Il faut jouer le jeu comme s'il n'y avait rien. Nous n'avons jamais accepté d'aller à un déjeuner où l'on voulait nous inviter ensemble, nous l'avons toujours refusé. Jamais nous ne nous sommes exposés, jamais. Ce qui m'a d'ailleurs amenée peu à peu à me replier. Des gens chez qui j'allais volontiers, je n'y vais plus, c'est inutile, cela sonne faux... Parce que le silence des gens qu'on rencontre peut être un silence d'acceptation profonde et d'intelligence, ou bien un silence d'abjection dans la curiosité, avec le désir de voir quelque chose de trouble naître... La plupart des êtres, sans le savoir, innocemment, aiment la défaite et le malheur. Innocemment... C'est pour cela qu'il faut avoir pitié d'eux, ce sont de grands pauvres.

S'il y a un cocktail chez Gallimard, il y va de son côté et moi du mien ; on se rencontre, « la voilà », il m'embrasse gentiment et c'est tout. Nous n'arrivons pas ensemble, nous ne partons pas ensemble ; nous nous donnons parfois rendez-vous tout de suite après, ailleurs. Nous avons tenu à ça, et ce n'est tout de même pas facile dans une société comme la nôtre, faite pour les fausses communications. Quand il y a eu cet hommage au Centre culturel belge pour mes quatre-vingts ans, la question s'est posée de savoir s'il viendrait pour l'inauguration de l'exposition et au dîner qui suivait. Et là, il m'a accompagnée. Il a rencontré Lise, ma petite-fille, c'était la première fois qu'il la voyait. Mais, en général, chaque fois que nous nous sommes vus en public, c'était de loin et sans que personne ne sache... Jamais nous n'avons donné la moindre preuve ouverte que nous nous connaissions.

P.B.L. : Vous vouliez vous protéger des bavardages par le silence ?

D.R. : Ah tout à fait ! Les gens sont bornés. La différence d'âge, la clandestinité, ça les rend fous... Et nous ne nous sommes jamais occupés de cela.

P.B.L. : Avez-vous compris d'emblée cette nécessité du silence ?

D.R. : Il m'a dit un jour : « Je n'ai jamais eu d'enfance. » Quand je l'ai rencontré, il n'avait pas tout à fait vingt-deux ans, mais c'était un homme fait sur le plan de la maturité intellectuelle. Tout le monde l'a pris pour un faiseur, pour une sorte de papillon, intelligent certes, mais léger, fantaisiste. Au moment de son engagement politique en Mai 68, je connaissais quelqu'un qui le traitait de « petit blouson noir, de petit tyranneau » ! Or tout dans sa personnalité s'est développé au contraire avec une certitude, une force et une simplicité totales dans la ligne de ce qu'il était déjà tout jeune. C'est l'être le plus profond, le plus invulnérable que je connaisse avec une sensibilité et une intelligence comme je n'en ai jamais rencontrées. Il a une culture inouïe, un courage et une volonté inébranlables. Sa vie est une succession de coups de marteau, et jamais il ne s'est laissé entamer. Et puis, il est bon, il est généreux. C'est la gentillesse même, et il sait très bien faire la différence entre les imbéciles et les autres.

P.B.L. : Vous vivez dans une sorte de clandestinité : repli apparent, bonheur et liberté de fond. Des gens l'ont su tout de même...

D.R. : Bien sûr, et ils ont de temps en temps essayé d'outrepasser les limites pour chercher à détruire cette vitre entre eux et nous, qui est pourtant incassable. Mais nous ne nous sommes jamais cachés non plus. Quand nous sortons tous les deux pour dîner, d'autorité il me tient le bras et nous marchons d'un seul pas. Si nous sommes à Venise, jamais personne n'ose s'approcher. Au début peut-être, « Quelle aubaine ! » se sont dit les Parisiens de passage. Nous avons toujours refusé cela et nous sommes devenus deux matériaux intraversables. Il n'y a aucune justification à donner, nous ne sommes pas dans l'aveu.

P.B.L. : Il a une autre vie, dans laquelle vous n'entrez pas.

D.R. : Ce qui est magnifique et fascinant, c'est que tout a été préservé. Je ne connais pas son autre vie. Il ne m'en parle pas, je n'en parle pas non plus. Ce qui gâche tout, ce sont les explications, l'exigence d'avoir des réponses... À tout cela, nous avons opposé le silence.

Si nous avions été des êtres un peu communs, vulgaires au fond, nous serions tombés dans le schéma classique des exigences bourgeoises, le mariage d'un côté, la liaison de l'autre... Mais on ne peut pas parler ainsi de nos vies, ce n'est pas ça du tout, c'est d'un autre ordre et personne ne peut « inter-venir ». Ça fascine les gens, ça les irrite aussi. D'autant plus qu'il est irritant, lui ! Avec ce travail gigantesque qu'il mène et la façon dont il est détesté, non compris et aimé aussi... Il est très méfiant, il sent tout de suite quand il y a un piège et il est à la fois d'une volonté et d'une intransigeance absolues. Alors, c'est le silence.

P.B.L. : Silence dans le travail, silence sur la vie... C'est une discipline ?

D.R. : C'est une discipline pour protéger l'essentiel. Souvent, les gens ne veulent pas savoir quel est l'essentiel de leur vie, ou alors ils le savent et font tout pour ne pas aller au bout d'eux-mêmes dans leur relation à l'autre. Les gens sont destructeurs en général. Ils sont en fait plus doués pour la destruction que pour la construction. La jalousie mène le monde et l'amour est une denrée rare. Bien sûr j'ai été jalouse au début. J'ai aussi connu des moments difficiles...

P.B.L. : Dans *Le corps*, paru en 1969, vous les évoquez avec une précision violente, tout en restant d'une totale discrétion, en témoignant d'une épreuve personnelle dont vous ne sortez d'abord que par la force du langage. Il y a des pages très belles où vous prononcez le mot « pêche », par exemple, comme si c'était la première fois... Vous vous appuyez sur la saveur et le pouvoir de ce mot « pêche », et c'est lui qui vous sauve du désespoir. Grâce aux mots, vous allez renaître...

D.R. : Oui, et puis j'ai très vite compris qu'il fallait le laisser libre et que cela ne changerait rien à ce qui nous liait. J'ai la vocation du bonheur, lui aussi. Peut-être y suis-je un peu pour quelque chose... (*Sourire.*) Il avait besoin de quelqu'un qui ne soit pas hystérique, il ne supporte pas l'hystérie. Or, en général, les histoires d'amour se jouent sur ce terrain, dans une sorte de connivence qui cherche à traquer la vérité à tout prix. Mais en réalité, il n'y a qu'une seule vérité, celle de la conscience du bonheur, voilà, c'est tout. C'est très simple et ça doit rester secret.

## *Venise*

PATRICIA BOYER DE LATOUR : Vous avez longtemps parlé de la ville étrangère plutôt que de Venise...

DOMINIQUE ROLIN : C'était l'époque où nous avions décidé, Jim et moi, de garder un anonymat total sur nos personnes et sur les lieux où nous irions. J'avais des amis qui connaissaient Venise et m'en avaient parlé avant que je n'y aille moi-même. Mais les gens décrivent Venise sans rien savoir... Ils n'en parlent pas vraiment, ils tournent autour, et c'est faux. Or cette ville a été pour nous un miracle, une sorte de transfiguration des choses. Alors, parler de la ville étrangère, c'était plus juste.

P.B.L. : Comment avez-vous découvert Venise ?

D.R. : Jusqu'en 1962, nous allions en Espagne. L'année suivante, nous avions décidé de nous rendre à Florence, puis de prendre un car jusqu'à Venise en passant par Ravenne, Vérone et Padoue. Donc, nous arrivons par la route un soir... Nous prenons un vaporetto, il faisait très beau, c'était le plein été. Et là, ç'a été « la » révélation, comme si tout d'un coup on nous offrait un lieu qui devait nous appartenir de toute éternité. À partir du Grand Canal, le vaporetto s'arrêtait à chaque station dans l'obscurité, la lumière du ciel mêlée aux lumières des réverbères. Jim portait deux valises énormes et nous avions réservé dans un petit hôtel près de la place San Marco. Au moment où nous découvrons cette place, devant la basilique Saint-Marc, nous avons été pris d'un sentiment quasiment religieux, comme si nous étions transportés dans un univers qui nous cernerait intimement. Il a posé ses valises et nous sommes restés dix minutes sans pouvoir parler... Puis nous sommes descendus à l'hôtel, nous avons dîné et... nous avons pris un café au Florian ! (*Rires.*) Nous sommes allés ensuite jusqu'au bord du quai. Il y avait à l'amarrage des gondoles serrées les unes contre les autres et soulevées par les vagues. On aurait dit des cygnes noirs. Je m'en souviens encore comme d'une découverte prodigieuse... Et ce fut tout pour ce jour-là !

Le lendemain matin, Jim s'est mis, comme chaque jour, au travail. Moi, je voulais apprendre la ville... Je me promenais donc jusqu'à l'heure du déjeuner ; l'après-midi, je rentrais vers six heures du soir, et nous ressortions pour dîner. Il allait tous les matins au Florian pour écrire à une table, toujours la même, loin de la lumière du jour et de la foule. Il a besoin de se fixer comme s'il y avait une sorte de rapport intime entre la circulation de son sang et de son esprit avec ce qui l'entoure. Je partais à l'aventure, seule.

J'aimais me perdre en suivant ces veines quasiment sanguines que sont les voies menant à la Giudecca, insoupçonnable pour moi, et dont personne ne m'avait parlé. Au moment où j'y suis arrivée pour la première fois, j'ai eu un coup au cœur... en découvrant cette ouverture sur les Zattere et sur la largeur du canal. À tel point que je me suis dit qu'on ne pouvait pas rester dans notre petit établissement enfoncé en pleine ville. Je suis entrée dans l'hôtel qui se trouvait là, j'ai demandé le prix des chambres à une vieille dame. Et là, elle m'ouvre une fenêtre sur la Giudecca... Quelle stupeur ! (*Rires.*) J'ai pensé : mais c'est ici qu'il faut vivre ! Tout se passait comme si notre vie nous attendait là depuis toujours. À la fin de cette matinée, je suis allée le rejoindre en lui disant : « Il faut que tu voies ça. » Et nous avons tout de suite retenu une chambre pour l'année suivante, la chambre aux trois fenêtres (une à l'ouest sur le petit canal perpendiculaire, deux sur la Giudecca dont l'une réfléchit toute la chambre et l'autre la circulation des bateaux) que l'on nous a gardée chaque fois.

P.B.L. : Venise est devenue votre secret.

D.R. : Vous êtes la seule personne que nous ayons vue ensemble à Venise, il n'y en a pas d'autre. Ce dîner à quatre, avec le photographe qui vous accompagnait, était tout à fait exceptionnel... Cela semblait indiscret, et c'était le contraire. Il y a eu des occasions de rencontres avec d'autres pour un film ou un vernissage, mais jamais je ne suis entrée dans son monde à lui, ni lui dans le mien. J'avais le sentiment que cela nous arrachait à notre rêve. J'ai été surprise qu'il me dise : « Tu viens dîner avec nous », mais il a eu raison.

L'ennui, c'était les Parisiens en visite à Venise qui, me reconnaissant, venaient à moi comme si ça allait de soi, sans vouloir savoir que j'avais ma vie ici et que je m'opposais à ce qu'ils y entrent. Les gens n'ont pas la faculté de se construire une muraille de Chine derrière laquelle se préserver... Ils croient à la transparence pour eux-mêmes et pour les autres, mais ce n'est pas vrai ! Quand ils m'accostaient alors que j'étais assise à ma table, presque toujours la même sur un certain ponton le matin entre huit et onze heures, je leur disais : « Excusez-moi, mais je travaille. » Ils finissaient tout de même par se rendre à l'évidence : je n'avais pas envie de les admettre dans mon cercle ni de sympathiser. Cela ressemblait à une agression amicale, parce que bien entendu ils n'avaient pas de secret à défendre de leur côté et, avec innocence, ils cherchaient à casser le mien. Je me défendais. Il faut être très vigilant, ignorer le monde extérieur, se protéger par une couche de silence et de refus, qui très vite est sensible aux autres. D'ailleurs, Venise est notre propriété quand nous y sommes! (*Rires.*) J'aime la gaieté des Vénitiens, avec qui j'ai un contact merveilleux; cette liberté qu'ils ont dans le rire, la beauté de leurs regards, leur discrétion... Et je remarque qu'ils ont toujours respecté mon travail. On se salue si on se connaît, ce qui crée une sorte d'affection tranquille et distante.

P.B.L. : Quel a été l'impact de Venise sur votre écriture?

D.R. : Très profond, sans que je m'en sois aperçue d'abord. Sa lumière du Sud en particulier, pour la femme du Nord que je suis, a beaucoup compté. J'ai changé le mouvement de mon écriture à ce moment-là, au début des années soixante, en plein phénomène du nouveau roman. La littérature était devenue une prison, et, grâce à ce courant qui n'a pas duré longtemps, mais suffisamment pour qu'on se libère des clichés romanesques, on n'était plus enfermés dans un livre écrit une fois pour toutes au XIXe siècle. L'ouverture était là, et la liberté gagnée pour chaque écrivain qui le voulait. Cela a correspondu au début de mes séjours deux fois par an à Venise.

À partir de ma découverte de la ville étrangère, ça a été comme si je pouvais avoir un univers complet en lui-même. Paris contenait mon enfance, mes expériences ; et Venise, tout le côté magique... J'ai aimé me promener du côté de San Margherita, près du magnifique musée des Tintoret, dans la Venise populaire, j'aimais entrer dans les petits cafés, passer le seuil des églises. Nous sommes beaucoup allés dans les musées, nous avons vu des expositions majeures : Titien, Vénitien par excellence, charnel, religieux, génial ; Francis Bacon, que j'ai découvert là. Nous avons assisté à des concerts inoubliables, nous avons beaucoup regardé, observé, écouté, entendu... Ce sont des moissons d'émotions, de sensations. Teresa Stich-Randall et Gabriel Bacquier dans le *Don Juan* de Mozart, Beethoven au palais des Doges, le pape lors d'un concert à la Fenice, un choc pour nous... Nous n'avions pas de places. Il y avait des barrages policiers partout, mais le type qui filtrait les entrées a compris que c'était capital pour Jim d'y assister, il nous a fait entrer.

Nous avons très vite élu domicile dans ce quartier devenu le nôtre au bord de la Giudecca. Le délice consistait à s'installer sur la terrasse pour voir passer la foule. (*Rires.*) On allait rituellement à la Salute, ou bien dans l'autre sens jusqu'à la station maritime. Il y avait là un escalier, un écriteau : accès interdit. Ici commençait un autre monde, celui des bateaux battant pavillon de lieux improbables comme Monrovia, Nassau, Alexandrie ou d'ailleurs encore... Et nous étions fascinés par leur entrée dans le port, précédés de petits remorqueurs.

Depuis 1963, j'ai vu des nouveau-nés dans leur landau qui sont devenus des vieillards ! (*Rires.*) Et des adolescents, des jeunes mariés, des femmes un peu mûres, des matrones... Je me souviens aussi d'un homme très âgé, perclus de rhumatismes, qui poussait une chaise devant lui et s'y asseyait quand il était épuisé. Au fond, ce n'était pas un si mauvais moyen de circulation... Un autre, un peu fou, mesurait les distances en faisant des gestes, il était enfermé dans une sorte de mathématique étrange... Il y avait Eugenio, le « chanteur de Venise » sur lequel j'ai écrit une nouvelle dans *L'Infini*, un mendiant extraordinaire au regard très bleu, assez beau, très pauvre, qui chantait en sortant de sa poche des bouts de papier et collait tout contre ses yeux pour en déchiffrer les mots. Un jour, il a disparu...

P.B.L. : Comment avez-vous aimé vivre à Venise ?

D.R. : J'adorais les pontons, les Zattere avec les cafés installés dessus. Et celui qui est en face de notre hôtel est devenu mon lieu de travail. Nous descendions dès huit heures du matin, Jim remontait ensuite dans la chambre jusqu'à onze heures et tout l'après-midi après le déjeuner.

J'aime respirer l'odeur de Venise, son climat. Quand il pleut, j'écris dans la chambre avec Jim. « Est-ce que je ne te dérange pas ? » lui ai-je demandé un jour. « Au contraire, tu m'aides », m'a-t-il répondu. Et c'est vrai que nous écrivons dos à dos sans nous gêner. Mais s'il fait beau, je préfère écrire dehors. À Paris, jamais je ne pourrais m'installer dans un café, comme le faisait Nathalie Sarraute, qui s'y rendait tous les matins à neuf heures. Chaque écrivain a sa méthode.

À Venise être dehors, c'est être à l'intérieur d'un univers lumineux. Je m'y suis tout de suite acclimatée merveilleusement. Devant moi, il y avait trois péniches amarrées chargées d'approvisionner en eau les grands navires; voir ces péniches qui ne cessent de monter et descendre le long du canal est un spectacle d'une grande beauté. Le moindre souffle d'air ressemble à une respiration murmurante quasiment humaine. La ville ne se tait à aucun moment, il y a toujours le clapotis de l'eau le long des quais. Et pourtant ce n'est pas vraiment humain, mais d'une tranquillité magique. Cela s'intègre à la vision que nous avons de la ville, ça entre dans notre façon personnelle de penser, de chercher les mots, d'écrire comme si nous étions portés par une vibration particulière. C'est très vivant, animé, et toute la ville est encerclée par cela.

P.B.L. : Comment pensez-vous à Venise quand vous êtes à Paris ?

D.R. : Ça dépasse l'ordre de la pensée... J'y pense comme si un réseau de canaux de Venise me traversait en permanence. La réalité, les bruits de Venise, les vagues, les mouettes, les touches de soleil partout alentour offrent un sentiment de liberté que nous aimons entre tous. Quand nous avons découvert Venise, nous avons eu l'impression d'être arrivés au port, à notre port, notre anse de repos et de méditation.

Mais j'adore Paris, la plus belle ville du monde ! et mon quartier, le VII^e^ arrondissement, est magnifique. Je n'évoque jamais Venise avec nostalgie. La vie y est gaie, les Vénitiens sont joyeux. En fait, Venise est un jardin maritime posé sur une île, qui ne me quitte pas. Si je n'y vais pas davantage, ce n'est pas grave. Venise est en nous.

## *Les miroirs*

PATRICIA BOYER DE LATOUR : Dans *La voyageuse*, un roman paru chez Denoël en 1984, vous imaginez votre au-delà. Et vous écrivez ceci, page 78 : « Puisque j'ai bien travaillé, je peux quitter mon bureau sans remords. Me voici souplement attirée par un miroir occupant tout l'espace. Sa cloison sans tain me sépare d'un hier ultra-vivant et d'un aujourd'hui ultra-mort. Je suis tentée de mettre un baiser sur ma bouche. Je résiste. Il faut respecter le mystère des images. Toute jeune, je me souviens, il m'arrivait d'embrasser mon reflet : effrayée je reculais aussitôt en me détestant. Aujourd'hui, pour la première fois, la pâleur délavée de mes yeux et la dureté de mes mâchoires me plaisent plutôt. Émue, je retourne à mon bureau pour noter le mot "sur-vivre" que mon instinct coupe en deux. Liées par ce trait d'union inattendu, les deux syllabes courbes et veloutées, sexuelles, blanches, me rappellent le vol des mouettes au-dessus du bras de mer élargi dans la ville étrangère... »

DOMINIQUE ROLIN : Je me souviens très bien du point de départ de cette histoire. Une année, j'ai été invitée par ma tante Vovote qui vivait dans un hôtel particulier à Versailles. J'avais alors à peu près dix-sept ans. Il y avait là un miroir, et, tout d'un coup, j'ai eu l'impulsion, qu'on peut trouver ridicule, de me mettre un baiser sur la bouche. C'était l'amorce d'un désir de l'autre, ce double dans le couple, qui est en même temps soi et un autre. Cela m'a ouvert en partie l'espace du miroir, qui est beaucoup plus qu'un plan réfléchissant, une nouvelle profondeur dans laquelle on plonge réellement. Je trouve qu'il est impensable que l'on ne puisse pas saisir le reflet pour lui rendre sa vérité d'espace et j'ai toujours été éblouie par le fait que, lorsqu'on place un objet devant un miroir, son reflet ne soit pas aussi mobile que la réalité.

P.B.L. : Il y a beaucoup de miroirs chez vous...

D.R. : Je m'y regarde pourtant au minimum. Dans ma psyché le matin, pour voir si l'ensemble tient, si c'est digne ! Je cherche uniquement la dignité, je suis incapable de sortir dans une sorte de laisser-aller. Même si je ne vais pas bien, j'y tiens. Mais le nombre de gens qui se regardent dans les miroirs... Dans la brasserie où je vais souvent, il y a bien sûr des miroirs. Eh bien ! je regarde les gens. Vous avez des femmes qui n'osent pas se regarder ; et d'autres qui se contemplent avec satisfaction. C'est passionnant, parce que le rapport entre soi et soi est tellement secret.

P.B.L. : On cherche à reconstruire sa propre image, parce que, on fond, on ne sait pas comment on est.

D.R. : On essaie de se surprendre, comme si on ne s'était jamais rencontré.

P.B.L. : Et comme si on allait tomber sous le charme de sa propre personne ! (*Rires.*)

D.R. : J'avais autrefois un copain journaliste qui ne cessait de se regarder en me parlant quand il était chez moi. Ça traduit des abîmes, à la fois de peur et de contemplation de soi-même, parce que l'un ne va pas sans l'autre.

Le miroir ouvre un espace extraordinaire, c'est pourquoi j'en ai beaucoup chez moi. Mais je ne me regarde jamais, j'hésite ! Dans les cafés, il m'arrive quand même de m'observer... C'est d'ailleurs étonnant de se voir hors de soi-même, comme si l'on avait un deuxième être prêt à accepter d'être scruté par quelqu'un qu'il ne connaît pas, parce que, finalement, on ne se connaît pas. On regarde dans le miroir et on se dit, mais qui est-ce ? Mon chien Caramel, qui devait avoir à l'époque quatre ou cinq mois, s'est vu un jour dans ma psyché. Il s'est approché avec précaution de cet autre chien jusqu'à coller sa truffe sur la surface froide du miroir. Et là, il a eu le réflexe incroyable de passer derrière la psyché pour voir s'il n'y avait pas un autre chien, c'était un moment prodigieux. En fait, le miroir ouvre un espace complètement secret, et pourtant composé de la même façon que l'intérieur de la réalité, puisque ce n'en est que le reflet, mais un reflet qui peut s'articuler sur une profondeur infinie. *De l'autre côté du miroir* de Lewis Carroll m'a toujours paru sonner faux et manquer de transparence, ce qui est un comble quand on parle de miroirs, alors que *Les Confessions d'un mangeur d'opium anglais* de Thomas De Quincey nous apprennent beaucoup sur les accords profonds entre réalité et imaginaire, mais là, ça coule de source.

P.B.L. : Le miroir serait comme une eau qu'on pourrait traverser.

D.R. : Ce n'est pas qu'une plaque opaque réfléchissante. Pendant très longtemps, c'était une feuille de métal sans éclat qui ne donnait pas du tout le sentiment de la transparence absolue. Il faudrait écrire un jour l'histoire du miroir, une histoire historique et sociologique. Ce serait intéressant pour comprendre l'évolution des mentalités.

Quand j'étais enfant, nous allions une fois par an à la foire de la gare du Midi, en Belgique. Une des attractions consistait à entrer dans une galerie de miroirs labyrinthique où l'on se cognait à sa propre image, et c'était un plaisir mêlé d'effroi. Mais il ne s'agissait pas de miroirs déformants, qui ont eux aussi enchanté ma jeunesse...

Il y avait dans le bureau de Paulhan, chez Gallimard, un miroir à pied qui rejetait, en le déformant, le reflet de chaque visiteur. (*Rires.*) Alors les gens entraient, et, au lieu de se voir tels qu'ils sont dans la réalité, ils voyaient leur reflet épouvantablement déformé avec des boules dans le visage, un front en creux, etc. Ils étaient des caricatures brutales d'eux-mêmes. De pied en cape, ils étaient désunis d'eux-mêmes, privés de ce qu'ils pensaient être, et obligés d'affronter un personnage vêtu comme eux dans lequel ils ne pouvaient pas se reconnaître. La manière dont les gens entraient dans ce bureau, voyaient ce reflet d'eux-mêmes, l'acceptaient ou le refusaient, étaient furieux ou en comprenaient l'humour, enchantait Paulhan. C'était terrible et charmant, enfantin et très pervers. Paulhan l'était d'ailleurs, il devait ressentir une petite jouissance très méchante devant le spectacle de celui qui arrivait...

P.B.L. : ... plein d'espoir ! (*Rires.*) Parlez-moi de votre « miroir sorcière ».

D.R. : On en trouvait facilement chez les antiquaires en Belgique. Celui-ci, je l'ai trouvé avec Bernard à Paris. J'y tiens beaucoup. Il me rappelle un tableau de Van Eyck où l'on voit un couple devant un miroir semblable. C'est tout de même étonnant d'avoir saisi cette ambiguïté du reflet qui, dans un miroir sorcière, vous renvoie une image exacte mais complètement transformée par le bombé du miroir en question. Bernard adorait ça lui aussi, parce que c'était une sculpture en creux de l'image. Ça crée des limites à l'espace, ça l'incurve sans le déformer. Et du coup, on entre dans un tableau en s'y regardant, ça n'a plus rien à voir avec une image de soi. Je l'observe avec curiosité, ce tableau réalisé par mon miroir sorcière, et je trouve qu'il est peint par quelqu'un de talent.

P.B.L. : Tout votre intérieur ressemble à un tableau de Vermeer, avec ses miroirs et sa luminosité particulière...

D.R. : Vous vous souvenez de ce tableau de Vermeer où il s'est représenté vu de dos en train de peindre sa fille, et l'on voit son reflet dans un miroir...

P.B.L. : Il y a démultiplication de l'espace et du temps quand on parle des miroirs... Et c'est la peinture qui le révèle le mieux.

D.R. : Coïncidence intime entre l'espace et le temps, aussi. Tout d'un coup, c'est très déconcertant.

P.B.L. : « Les miroirs feraient bien de réfléchir avant de renvoyer les images », disait Cocteau.

D.R. : Oui, le miroir est un outil de « réflection » et de réflexion dans l'espace-temps. Et c'est angoissant de s'y regarder, parce qu'on est immédiatement jumelé avec son reflet pris dans une histoire qui a commencé un jour, qui se terminera un jour, et dont on ne saisit qu'un moment plus ou moins favorisé. Je ne me suis jamais supportée en photo, même celle qui fait la couverture de l'édition en poche du *Journal amoureux*, pourtant jolie. C'est très profond chez moi.

P.B.L. : Parler des miroirs vous renvoie à la question de votre image, du double, des monstres, de votre père qui grimace... Dans *Les éclairs*, page 230, vous racontez pour la première fois, il me semble, la scène où, vers la fin de sa vie, votre père vous explique pourquoi il vous rejetait. Le mariage de vos parents a été arrangé par des tiers, il n'était pas amoureux de votre mère. « Aussi ta naissance a-t-elle représenté pour moi la signature de mon malheur : je ne te détestais pas, mais je te réprouvais en tant que marque indésirable. » Et, un peu plus loin, vous notez de manière abrupte : « De lui à moi, mouvements noirs qui me défont à l'intérieur de son non-vouloir ancien. » Mais vous ne vous êtes jamais résignée au malheur. Et heureusement, vous aimez les miroirs ! Parce que ne pas en vouloir chez soi, c'est plutôt mauvais signe. Signe qu'on est du côté de la mort, qu'on refuse par avance sa propre image, et donc d'être inscrit dans une histoire, d'avoir sa place dans une généalogie. C'est déjà être ailleurs, dans un espace interdit...

D.R. : ... qui nous attend pourtant.

P.B.L. : Eh bien, justement quand on lit *La voyageuse*, on comprend qu'on a tous des clichés sur ce que serait la mort. Mais au fond, on ne sait rien. Vous avez ce réflexe, vous vous approchez très près du miroir en vous demandant ce qu'il y a au-delà... En fait, vous levez ce tabou qu'il n'y aurait plus personne devant le miroir quand on est mort :

« Mourir est pure illusion. On franchit un portail inventé pour les besoins de la cause. On se retrouve du bon côté sans avoir eu le temps de pousser le premier soupir. L'air pourrait être oppressant d'abord. Mais non, à condition de faire un choix rapide. Ou bien se soumettre au luxe grossier du néant sous les fleurs et les pleurnicheries des survivants. Ou bien attaquer de front avec une détermination de bourreau les fausses ténèbres. Premier acte : exécuter froidement son propre cadavre. Acte deux : se retourner en flèche et la récompense tombe aussitôt, celle d'une fraîcheur qui contraint au mouvement.

« Puisque j'ai bien travaillé, je peux quitter mon bureau sans remords. Me voici souplement attirée par un miroir occupant tout l'espace. »

Et voilà ! Vous avez traversé le miroir, mais vous êtes toujours là.

## *Chansons*

PATRICIA BOYER DE LATOUR : Vous aimez l'univers de la chanson, je crois...

DOMINIQUE ROLIN : Ah oui ! C'est extrêmement important pour moi depuis longtemps, depuis que je vis à Paris en fait... J'en écoute à la radio sur Europe 1 dans mon lit. C'est la musique des ondes, j'adore ça ! J'aurais pu me brancher sur Europe 2 par exemple, qui est spécialisée dans les chansons, mais je suis très attachée à la voix des journalistes d'Europe 1. Ils ont de belles voix, ils font très bien leur métier, ce sont des guides imaginaires... Guillaume Durand, je le reconnais d'abord à sa voix, et j'aime bien l'entendre... Alors, entre deux flashes d'information, j'écoute des chansons. On les fredonne comme on respire l'air. Ce sont des moments de récréation que je me donne à moi-même. Je me libère ainsi de la gravité qui est la mienne dans ce qui me sert de pensée... Et comme je ne vais ni au théâtre ni au cinéma et que je sors très peu, écouter des chansons fait partie du charme de ma vie. Évidemment, il est hors de question que Jim en écoute avec moi ! Quelquefois il est très étonné que je connaisse tel ou tel chanteur, et que j'en parle...

Il y a des chansons qui traversent notre vie, et je crois qu'il faut accorder une place énorme à ceux qui les composent comme des poèmes pour les voix, comme le parolier Étienne Roda-Gil. Ils ont une façon d'économiser leur vocabulaire et de mettre les choses à leur place qui requiert beaucoup de précision. J'aurais aimé pouvoir le faire, mais je ne suis pas douée pour cela. Et puis, je chante faux ! C'est un regret. D'ailleurs, on m'interdit de chanter ! (*Rires.*) Certaines époques peuvent être sous le signe d'une chanson. Qu'on la réécoute, et c'est tout un pan de notre passé qui resurgit à notre insu...

Avant-guerre, celles de Maurice Chevalier, Mistinguett et Charles Trenet ont beaucoup compté. Mais j'ai surtout commencé à en écouter dans les années soixante. C'était la grande époque des chansons moyennes, j'adorais ça. Elles se sont inscrites très bizarrement dans mon imaginaire et ont dû aider, sans que je le sache, à l'élaboration de mon propre travail. Je me souviens de Dalida et de ses ritournelles ; d'Hervé Vilard et son : « Capri, c'est fini. Et dire que c'était la ville de mon premier amour... » (*rires*), j'avais de la tendresse pour cette voix ravissante et pour ce chanteur que je trouvais très sympathique. Je me souviens des tubes de Claude François, divinement et ridiculement humains ! Donc beaux dans leur genre. Son *Alexandrie, Alexandra* est enthousiasmant, tout son répertoire d'ailleurs, et puis il y avait la danse... Joe Dassin m'intéressait : il avait une forme de romantisme enchanteur. Les rengaines d'Adamo sont irrésistibles ! Quand il chante : « Vous permettez, monsieur, que j'emprunte votre fille... », il joue l'ambiguïté et c'est pourtant l'exemple même de la probité. On n'a qu'à le regarder trois minutes, on voit tout de suite sa bonté, sa fidélité à lui-même, son charme. Plus tard, dans les années quatre-vingt, *Ça plane pour moi* de Plastic Bertrand, un autre Belge, m'a plu énormément ! Et il y avait aussi *Cœur de loup*, l'unique chanson de Philippe Lafontaine, encore un Belge, qui a été comme un météore. Une chanson peut être inoubliable, un moment de grâce pure qui nous est donné gratuitement, comme *Louise* de Gérard Berliner avec sa belle mélodie plaintive, et puis un jour, on n'entend plus jamais parler de l'interprète... Quand Michel Polnareff chantait *C'est une poupée qui fait non* dans les années soixante, on entendait ça tout le temps, et c'était merveilleux. J'aime bien ce côté un peu commun qui existe en chacun d'entre nous, quand nous reprenons automatiquement certains refrains. C'est facile, familier, reposant... Le chanteur est quelque part en promotion, je suis ici enfermée dans mon bureau, et j'écoute une voix pas toujours belle d'ailleurs, mais singulière.

Ce qui est beau dans les chansons, ce n'est pas tellement qu'on les aime, c'est leur fréquence. On ne peut pas entrer dans un café sans en entendre une ni ouvrir un journal sans qu'on parle de tel ou tel chanteur. Ça fait partie de notre vie qu'on le veuille ou non, ça circule à l'intérieur comme une sorte de veine secondaire, et ça touche tout le monde. Étrange, non ? Qu'elle soit mauvaise, vulgaire ou nulle n'a aucune importance ! Ça flotte dans l'air et forme une sorte de communauté de sensibilité entre des gens de milieux différents. J'entends quelquefois les ouvriers du bâtiment qui travaillent en face de chez moi siffler l'air d'une chanson actuelle, et je trouve ça exquis. Comme un peu d'enfance ressuscitée en chacun de nous.

Ce n'est pas de l'art, c'est un artisanat plus ou moins réussi, mais ça nous suit... On est parfois aussi touché par des imbécillités. Je n'ai jamais raté l'Eurovision par exemple ! Bien sûr, on n'y entend qu'une succession de rebuts, à quelques exceptions près... Mais c'est passionnant pour un romancier ! *Poupée de cire, poupée de son*, de Serge Gainsbourg, interprétée par France Gall, a gagné le grand prix, et c'était une jolie chanson. Et puis *Annie aime les sucettes, les sucettes à l'anis*... de Gainsbourg chantée par France Gall, c'était une surprise faussement ingénue et une réussite. Je me souviens aussi qu'au moment où je suis arrivée ici, en 1959, il y avait dans la cour de l'immeuble une équipe d'ouvriers qui chantaient une scie tellement insupportable que je suis descendue un jour pour leur donner un peu d'argent afin qu'ils cessent. C'était « Chérie, je t'aime, chérie je t'adore ; la la la la... la, la la la... la la la la... » ; ils travaillaient un peu, et trois minutes après, ils recommençaient toujours le même petit fragment. Un vrai cauchemar !

P.B.L. : Et ils ont arrêté ?

D.R. : Non, non, ça n'a servi à rien ! (*Rires.*) Il s'agissait chez eux probablement d'un réflexe instinctif. J'ai souffert, mais en même temps, c'était délicieux. Ah oui ! le monde des chansons a beaucoup compté pour moi en devenant avec le temps comme une étrange famille, avec des « Chérie, je t'aime », mais aussi des chansons superbes dont j'oublie sûrement certaines...

P.B.L. : Quels sont vos chanteurs préférés ?

D.R. : Johnny Hallyday est, dans son domaine, un très grand musicien. La voix est magnifique, elle s'est creusée avec le temps... J'aime beaucoup aussi Eddy Mitchell, son humour, sa forme de décontraction, son sens du rythme. Et Madonna, pour tout ce qu'elle dégage. Je me mets à genoux devant la voix de Barbra Streisand, c'est extraordinaire de sauvagerie et de liberté d'interprétation, très près du jazz. Liza Minnelli, je ne peux pas l'écouter sans en être animalement touchée... C'est plus du côté de la vie brute que de la musique pure, mais en l'occurrence, c'est ça qui est beau ! Henri Salvador est un musicien d'exception et un personnage très poétique, bon, noble, dans tous les registres qu'il a abordés. Tout me plaît, sa cocasserie : « Et je tourne le bouton, et je vois la même fille... » (une fille qui est ligotée sur les rails d'un chemin de fer)... et puis : « Zorro est arrivé-é, sans se presser... » (*rires*) ; dans le genre tragique, *Le lion est mort ce soir*, c'est merveilleux, à la fois un peu grandiloquent, avec toujours cette flamme d'humour qui ne le quitte pas... Son dernier disque est un triomphe mérité, le triomphe d'un homme de quatre-vingt-quatre ans, merveilleux jazzman. Il reste enfantin, charmant, indémodable, parce que ce qu'il chante ne peut pas mourir. Jacques Brel, c'est un très grand, mais je ne peux pas l'écouter longtemps. Il y a des chansons qui sont splendides, mais au bout d'un certain temps, je me demande s'il n'a pas un peu trop exploité ses propres dons. Juliette Gréco, je l'ai vue chanter lors d'un récital à Monte-Carlo, du temps où je passais des vacances à Juan-les-Pins chez Florence Gould. Elle a une voix et des dons d'interprétation magnifiques, même si je trouve qu'elle se joue un peu elle-même... Cela étant, ce qui est fascinant chez elle, c'est cela aussi : le jeu. Je me souviens qu'elle joue beaucoup avec ses mains, qui interviennent dans le spectacle. C'est théâtral et très beau. Ça ajoute même encore à l'émotion. J'adore Alain Bashung, son audace, toutes les lectures qu'on peut faire de ses textes en douce... *Gaby, oh Gaby*, *Ma petite entreprise*, toutes ses formules, « les golfes pas très clairs », le côté tranquillement subversif : c'est un artiste. Et Higelin, il est fou ! Et tellement talentueux... Un soir, vers onze heures, il y a à peu près une vingtaine d'années, il me téléphone parce qu'il voulait venir chez moi tout de suite pour jouer de la musique, rien que pour moi. On ne se connaissait pas, mais il avait été pressenti pour interpréter un de mes personnages dans un film adapté des *Marais* (mon premier roman) par la cinéaste belge Marion Hänsel, et puis ça ne s'est pas fait, dommage ! Alain Souchon, j'aime beaucoup. Et Jacques Dutronc, aussi. Je sautais de joie dans mon lit en écoutant les chansons que Jacques Lanzmann a écrites pour lui. Je l'écoutais tous les soirs ! Nicole Croisille est un peu oubliée aujourd'hui, mais sa voix reste superbe. Et Nilda Fernandez, j'aime bien. Il avait une chanson dans laquelle le mot « fiançailles » réapparaissait régulièrement de façon un peu artificielle, et il le scindait en plusieurs scansions étonnantes, ça me mettait dans tous mes états ! Nino Ferrer, *Le Sud*, quelle merveille ! Et *Le lac Majeur* de Mort Schuman... Aujourd'hui encore, vingt ans après leurs débuts, les Rita Mitsouko se détachent très franchement du troupeau par leur personnalité et leur sens de la musique. Ils ont une telle violence, une telle liberté, une telle audace... Et cet humour un peu tordu, cette gaieté si tordante : ce sont de vrais clowns chantants ! C'est très mystérieux, une chanson. Ça apaise, ça rend joyeux, ça ne se prend pas pour ce que ce n'est pas. Au fond, c'est assez modeste, délicat. Certains textes sont d'une pauvreté épouvantable, mais il s'agit d'autre chose... Et puis, on aime, on n'aime pas, voilà !

P.B.L. : Des goûts... et des dégoûts alors ?

D.R. : Oui, c'est injuste mais c'est comme ça ! Je n'aime pas Barbara, c'est la foire. Elle se fabrique elle-même, elle est vieillotte avant l'âge, funèbre et emphatique. Je ne peux pas la supporter dans *L'Aigle noir*... Je la trouve ridicule, c'est la grande marionnette tragicoburlesque. Je n'aime pas trop non plus Léo Ferré, ça ne tient pas pour moi, ce n'est pas mon goût... Les chansons d'Édith Piaf, je les trouve datées, avec cette volonté de tragédie, ce pathétique plein de sucreries... Serge Gainsbourg, je suis partagée. J'aime les grandes chansons de Gainsbourg, *La Javanaise* bien sûr, et beaucoup d'autres... *Bébé requin*, par France Gall, m'enchante avec son mélange d'innocence et de cruauté. Je ne sais pas pourquoi, mais cela me fait penser à Cléa, mon arrière-petite-fille de quatre ans... Je déteste la période Gainsbarre, je trouve qu'il s'est détruit. Et puis, je n'aime pas tout ce qui est commercial, fait pour le gros public. Ces voix de femmes hurlantes et interchangeables qu'on entend le samedi soir dans les émissions de variétés à la télévision, les farfadets clownesques qui jouent faux... Ils font des comédies musicales, et ça marche ! Tout est intéressant d'ailleurs, même le pire.

P.B.L. : Et puis, il y a Vanessa Paradis.

D.R. : Ah ! je n'ai connu cet élan d'affection pour aucun autre chanteur. Elle occupe une place à part dans mon imaginaire. Je me souviens très bien de ses premières apparitions dans *Joe le taxi* d'Étienne Roda-Gil... ce côté pointu dans la voix d'une adolescente de quatorze ou quinze ans, et puis toute cette beauté... C'était vraiment *Le Printemps* de Botticelli ou une Vierge de Memling... Imaginez un ange sorti de l'univers des primitifs flamands ou alors la fée de *L'Oiseau bleu* de Maeterlinck... Elle me ramenait irrésistiblement au monde de mon enfance... Je me suis souvent demandé ce qu'elle devenait aux États-Unis et ici. Elle vit avec le comédien Johnny Depp dont elle a une enfant, Lily Rose. C'est aussi une très bonne comédienne ; mais elle a changé, à moins qu'on ne l'ait changée, je ne sais pas... Il m'arrive de penser à elle, je ne l'ai jamais oubliée. J'ai même rêvé d'elle le 21 juin 1992, comme je le raconte dans *Train de rêves*.

P.B.L. : Je vous relis le passage (pages 117 et 118 de votre livre) : « Je suis installée, seule, sur la terrasse d'un café de plein air lorsque je vois s'arrêter une auto luxueuse rappelant un peu les calèches d'autrefois. Vanessa Paradis en sort, entourée d'une masse de gens. Je la tire vers moi. Elle est méconnaissable, on lui a coupé court ses longs cheveux dorés, ce qui la fait ressembler à un adolescent hérissé, mal vêtu du reste. "Fais attention à toi, lui dis-je, ne te laisse pas faire par tout ce monde qui veut te défigurer." On l'emmène à l'intérieur de l'établissement d'où elle ressort un peu plus tard, couchée sur une sorte de litière et secouée par une horrible crise de nerfs. Je suis triste. J'aimais cette petite fille d'une si admirable beauté, et voilà qu'on est en train de la détruire. » Prémonition ?

D.R. : Tout est intéressant dans la vie, même les épreuves. Et elle n'a pas été épargnée... Depuis le début de sa carrière, alors qu'elle n'était qu'une enfant, elle a dû faire face à la jalousie et à la haine. Mais elle est douée. L'est-elle aussi pour le bonheur ? Je le lui souhaite.

## *La gourmandise*

PATRICIA BOYER DE LATOUR : Vous avez eu envie que nous parlions de votre rapport à la nourriture... Et il y avait dans votre voix une telle gourmandise que cela m'a mis l'eau à la bouche !

DOMINIQUE ROLIN : Mais c'est très important. Il ne s'agit pas seulement d'ingurgiter des aliments dont le corps a besoin régulièrement pour son entretien et sa survie, mais de considérer tout un système de nécessité mentale qui correspond à l'être humain en train de manger. Pour prendre un mot déjà employé par Saint-Simon, il s'agit de « bouffer », c'est-à-dire étymologiquement de gonfler ses joues...

P.B.L. : J'ai regardé dans le Littré, qui précise qu'avant que ce ne soit sous l'effet de la nourriture ingurgitée, le sens premier de « bouffer », quand on parle d'un être humain, c'est d'abord de « témoigner par un certain gonflement de la face qu'on est de mauvaise humeur, dans une colère qui n'éclate pas ».

D.R. : C'est incroyable comme expression, non ? Et étonnant ! Moi qui peux être d'une absolue frugalité

— une tartine de pain grillé au petit déjeuner avec simplement du café, pour moi, c'est un festin — eh bien ! j'aime ce mot de « bouffer », avec cette image de joues qui s'enflent... C'est d'ailleurs aussi pour cette raison que je ne supporte plus de partager un repas avec la plupart des gens, sauf avec ceux que j'aime, parce que ça ne m'intéresse pas de les voir mastiquer. Mais, quand je suis dans un restaurant, j'adore les observer de loin, parce que ça raconte beaucoup de choses. Ce sont des romans soit tragiques, soit comiques...

Je vais seule de temps en temps dans une brasserie à l'angle du boulevard Saint-Germain, et c'est pour moi un grand plaisir. Un jour, j'entre, c'était presque désert. Et il y avait là, pas loin de moi, une jeune femme, très modestement habillée — un chemisier, une jupe un peu ample — c'était l'été. Elle tenait à la main une revue, un numéro spécial sur Sting. Elle n'était pas jolie, on la sentait dans une solitude assez éprouvante et elle mangeait avec une sorte de gourmandise perceptible, tout en buvant pas mal... Le tout très distingué d'ailleurs, elle se tenait bien, semblait un peu timide, avec une expression excédée de la bouche. Je retourne dans cet endroit il n'y a pas si longtemps, et j'ai eu le sentiment de rêver. Je ne l'avais pas vue depuis, disons deux ans à peu près, et la même scène se reproduisait sous mes yeux ! La même femme, habillée de la même façon, déjeunait à la même table et lisait le même numéro sur... Sting !

Je me souviens aussi d'avoir vu, dans cette brasserie, un vieil homme cassé en deux, qui ne pouvait plus marcher tout seul et qu'accompagnait une jeune Asiatique. Il entrait à petits pas, elle l'installait toujours à la même table avec des gestes prudents, lui enlevait son chapeau, son manteau, son écharpe. C'était ce qu'on appelle « un monsieur », j'ai appris par un des garçons qu'il avait été pharmacien. Il lui donnait un peu d'argent, et elle courait lui acheter le journal *Le Monde* au kiosque d'à côté. Puis elle disparaissait jusqu'à la fin du déjeuner et, à une certaine heure, elle revenait le chercher. Il était assez sec, autoritaire avec elle. On lui passait tous les jours le menu, qu'il lisait attentivement. Puis on lui apportait son plat, qu'il mangeait avec un plaisir visible. Et il y avait tout d'un coup une sorte de sensualité de grand solitaire qui émanait de sa personne...

Je me suis souvent demandé ce que je pouvais représenter pour les autres quand je mange (*rires*) parce qu'on se révèle en mangeant !

P.B.L. : On pourrait savoir qui est qui, à votre avis, juste en le regardant manger...

D.R. : Mais oui. C'est un instrument d'enquête psychologique inouï, on sait tout : la pudeur des uns, l'impudeur des autres ; la voracité ou la réserve, la brutalité, la méchanceté, un aveu de solitude, la goinfrerie, le désir de se cacher, la manière dont certaines personnes serrent les lèvres sur leur nourriture et avalent... c'est un vrai spectacle ! Il y a des gens qui mangent vite, et ça de plus en plus, comme si cela n'avait aucun intérêt pour eux ; ils absorbent la nourriture de façon presque animale, et ils expédient aussi ce moment qu'ils ne savent pas savourer. Il y a au contraire ceux à qui la nourriture parle, et qui lui parlent, c'est net. Il y a la délicatesse de certains, la grossièreté tout à fait involontaire des autres quand ils vivent dans une sorte d'indifférence totale au monde extérieur et aux autres. Chaque individu a sa façon de manger, et ça révèle beaucoup sur sa conduite générale. Je suis sûre que si l'on faisait l'inventaire d'un repas sous l'angle psychologique, on saurait tout de suite si un tel est un salaud ou un ange.

P.B.L. : Ce n'est pas un hasard si l'un des rites sociaux les plus universels consiste à partager un repas avec quelqu'un pour faire plus ample connaissance.

D.R. : Oui, j'ai horreur de ça ! (*Rires.*) J'aime manger seule, ou seule avec Jim. Deux personnes qui s'aiment, aiment aussi manger en face à face ou côte à côte, et seuls, c'est très important, on y apprend le visage de l'autre. Nous avons des rites, et des changements de rites, mais la coutume peut durer des années... Il a des gourmandises pareilles aux miennes. Nous pouvons manger éternellement la même chose, et, chaque fois, c'est différent. Je crois que c'est ça le comble de la gourmandise : prendre exactement la même chose, comme si le corps cherchait à vérifier certaines merveilles de certaines nourritures toujours les mêmes, mais qui ont des secrets à dévoiler au jour le jour.

J'aime aussi déjeuner avec quelques rares personnes de mon entourage, ma famille proche, quelques amis très chers...Mais je ne peux plus supporter les déjeuners pour rien à plusieurs, et les dîners mondains m'ont toujours laissé une impression de vide, on n'y rencontre vraiment jamais personne. Il y a des occasions de se réunir qui sont quand même intéressantes. Par exemple, avant de remettre le prix Nimier, le jury, dont je fais partie, se retrouve deux fois avant la proclamation du résultat pour déjeuner chez Lucas-Carton. Peu manquent à l'appel, il faut dire que c'est délicieux ! Et il y a un moment absolument merveilleux, celui où le maître d'hôtel pose l'assiette devant soi. Il se passe alors quelque chose de presque sacré qui se dégage de tous les visages... La nourriture, c'est le sacre de quelque chose.

P.B.L. : Ou de quelqu'un. De soi, peut-être ?

D.R. : Oui, au fond, manger c'est, pendant un petit moment, être satisfait de soi ! Vous sentez le fumet du plat et, au même moment, il y a cette espèce d'émerveillement dans les regards. C'est tellement beau à voir ! Et puis, tout d'un coup, chacun est seul devant sa nourriture et entièrement lui-même. Voir manger Bernard Frank, que j'aime beaucoup, ce n'est pas voir manger Jean-Marie Rouart. Il y a des catégories de mangeurs comme il y a des races de gens. Et il y a « la » race des mangeurs, parce que c'est une race en soi !

P.B.L. : Dans *Le gâteau des morts* — quel titre monstrueux et magnifique à la fois ! comme un rite antique de partage... et quel livre incroyable ! Vous avez un culot et un courage... pour aller jusqu'à fantasmer en 1980 votre mort par anticipation en l'an 2000, et donc, heureusement, au passé ! Vous passez les bornes, j'adore ça, j'en jubile avec vous ! —, vous faites avec cocasserie l'inventaire des sept péchés capitaux, page 126 : « Avarice. Colère. Orgueil. Luxure. Paresse. Envie... Tiens, où est passé le septième ? Oublié ! Je me creuse, je consulte mon Littré, je ne trouve aucune indication là-dessus, bizarre tout de même ! Comme si l'on avait masqué exprès la liste fatale d'un bandeau de pudeur. En attendant : "crétinerie" fera l'affaire, et je veux en brailler les louanges. Je tourne à fond le bouton du transistor, pulvérisant ainsi la grande pièce des tonnes de rythmes déconnants. Bonté d'être ! » Six pages plus loin, et justement en écrivant le mot « appétit » : « Appétit ! Nous y voilà... À la seconde même, je retrouve le péché capital numéro sept : la gourmandise. Soulagement ! » Et un peu plus loin, vous concluez : « Sept splendides outils de jouissance, voilà ! » en donnant quelques exemples appropriés de péchés avec un plaisir non dissimulé... Alors, Dominique, la gourmandise, c'est un péché capital, oui ou non ?

D.R. : (*Rires.*) Mais il n'y a pas de péché capital ! D'ailleurs, la notion de péché m'est complètement étrangère...

P.B.L. : Comment organisez-vous vos repas au quotidien ?

D.R. : J'ai toujours faim au moment de me mettre à table. Le matin, petit déjeuner à 6 h 30 : pain grillé, beurre et café. Je n'aime pas les croissants. Il faut que ce soit très simple, et alors pour moi c'est la royauté absolue ! Le second repas, midi pile, c'est un faux repas : un potage en sachet...

P.B.L. : Bien chimique... (*Rires.*)

D.R. : Il suffit que ce soit très chaud et que je sois seule ! Je n'ai pas cette tyrannie de la qualité pour la nourriture de tous les jours. J'aurais un peu honte de servir ça à d'autres, mais vis-à-vis de moi, je n'ai pas honte. Je varie : aux poireaux, aux sept légumes, à la tomate... J'ai toujours le même plaisir d'enfant ! J'ai gardé le souvenir des potages que maman faisait, et qui, bien sûr, n'étaient pas tout préparés. Elle passait des heures, pauvre petite mère... Et le potage était exquis, ses pot-au-feu aussi. Quand je rentrais, je sentais tout de suite si elle avait préparé un pot-au-feu, et elle me disait : « Tu vas déjà prendre tout de suite un bol de bouillon ». Ça me fait saliver rien que d'y penser...

Ensuite, je prends un petit bout de fromage genre gruyère ou emmenthal, un légume cru et un yaourt nature orné d'un peu de confiture ou de cassonade. C'est délicieux ! Et je termine par un fruit, pomme ou banane. Le soir, à 19 heures pile, j'attends le carillon d'Europe 1 et je dîne d'une viande que je fais saignante dans la poêle ou du poulet que j'achète rôti, avec un légume. Le vin m'est ordonné par Jim ! Un peu de fromage, un fruit. Je n'aime pas trop les sucreries, mis à part quelques chocolats de temps en temps. Si je m'écoutais, je mangerais plus souvent de la charcuterie, mais je fais attention.

Les repas chez Lucas-Carton, c'est très bon, mais je crois que le plus grand bonheur de manger est lié probablement à la mémoire de ce que l'on mangeait lorsqu'on était enfant... et la gourmandise est plutôt dirigée vers les choses les plus humbles. Tout un décor se recompose alors, qu'on retrouve au fond de ses sensations les plus enfouies. Je suis indifférente au foie gras, au caviar... Je me souviens qu'au temps des déjeuners de Florence Gould, qui avaient lieu à l'hôtel Meurice, Raymond Gérôme — un type merveilleux, très intelligent, un ami d'enfance — (c'est ma mère qui l'avait poussé à faire du théâtre ; il m'appelle Domisœur) — me disait tout bas : « Qu'est-ce que c'est que ce Canigou et Ronron ? » Il est belge comme moi, et c'était une sorte de connivence entre nous. La nourriture belge est très différente de celle d'ici. Jamais de hors-d'œuvre, un plat de viande avec des pommes de terre cuites à l'eau et un légume, jamais de fromage, jamais de dessert. C'est très simple, et ça laisse des souvenirs inoubliables. S'il restait, par exemple, des pommes de terre pour le soir, on pouvait les faire frire à la graisse de bœuf... C'était gras et sobre, très sensuel. Aujourd'hui, tout ça s'est neutralisé bien sûr... On ne mange plus comme ça en Belgique, même s'il y a toujours des spécificités d'un pays à l'autre.

P.B.L. : Votre tout premier texte, une nouvelle rééditée en 1993 (dans un recueil de textes réunis par Gérard de Cortanze sous le titre *Les géraniums* aux éditions de la Différence), s'intitule « Repas de famille ». Diriez-vous qu'il s'agit d'un texte inaugural pour la suite de votre œuvre ?

D.R. : Je mettais en scène le grand-père, la grand-mère, le père, la mère, les frères et sœurs et la narratrice qui observait déjà ce que les gens mangeaient et la manière dont ils mangeaient. Et puis, tous les drames familiaux à l'arrière-plan continuaient à bourdonner comme des insectes piqueurs, méchants. C'était un texte brutal, qui préfigurait la suite !

Je me souviens qu'à l'âge de quatre ans, au cours d'un repas familial où se trouvait ma grand-mère maternelle, que je détestais, j'ai soulevé sournoisement mon assiette de soupe en sa direction tout en sachant très bien ce que je faisais. C'est le seul souvenir que j'ai d'elle. Les adultes ont cru à ma maladresse, mais pas du tout ! Je refusais déjà le principe de la famille, je voulais qu'elle s'en aille. La haine pour mon père, que j'ai mal jugé très longtemps, a commencé surtout à table. Vers l'âge de quatorze ans, j'ai cessé de lui adresser la parole, et ce pendant des années. On ne sait rien du tout de ses parents, on croit savoir mais non, on ignore beaucoup de choses... Et d'abord comment on a été conçus. Mes parents se sont mariés le 9 mai 1912. Mon père m'a dit un jour qu'ils n'avaient pas eu de relations ensemble au début de leur mariage. Mais, lui ai-je répondu, je suis née le 22 mai 1913. Il a eu l'air interdit, stupéfait. Mon frère est né en 1915, ma sœur en 1918 et il y a eu encore un enfant qui n'est pas né... Mais ma mère était d'une prudence extrême, refusant tout ce qui pouvait être physiologique. Des histoires d'amour dont je lui parlais quand j'étais jeune, elle me disait : « Je tuerai ça dans l'œuf ! »

P.B.L. : Quel abîme dans cette métaphore ! Nous parlons tranquillement de nourriture, et regardez où nous sommes...

D.R. : J'ai avorté d'ailleurs en 1943, et j'ai failli mourir. C'était atroce, je vous passe les détails... Aucune jeune femme d'aujourd'hui ne peut imaginer ce que c'était.

P.B.L. : Et puis un jour, juste après la guerre, vous rencontrez le sculpteur Bernard Milleret, qui vous fait revivre, et qui, comme par hasard, est un excellent cuisinier.

D.R. : Il avait vingt livres de cuisine, il adorait faire la cuisine lui-même, et il la faisait admirablement. Il lisait les recettes, et puis... il inventait ! Je me souviens de repas mémorables sur la longue table en chêne de son atelier avenue de Châtillon, encombré de sculptures et de dessins. La cuisine était minuscule, mais Bernard adorait recevoir. Il faisait les courses lui-même, il savait choisir. Je me contentais de l'accompagner, et je faisais le marmiton. À Paris, ça se savait qu'il était un magnifique cuisinier et on venait toujours avec plaisir à la maison...

Un jour, nous recevions René Char et Albert Camus. Bernard avait préparé un coq au vin. Il était dans sa cuisine et on a entendu du bruit. Il venait de lâcher une partie du plat sur le carrelage. Il est sorti, et il a demandé ce qu'on faisait dans ce cas-là. « On ramasse ! » lui avait répondu Albert Camus avec entrain. Je l'entends encore... C'était succulent ! Une autre fois, Germaine Richier, qui avait un atelier de sculpture à côté de celui de Bernard, lui avait demandé de préparer un repas pour le peintre Pignon dont elle voulait faire la connaissance. « Je vais leur faire un de ces pot-au-feu dont ils se souviendront », m'avait dit Bernard. Il savait tout cuisiner, du marcassin, des « rognons forestière »... Je crois qu'il y a une convention secrète entre l'homme tout entier et son rapport à la nourriture. En ce qui concerne Bernard, c'était de l'art ! Il était sensuel, gourmand et extraordinairement doué. Je me rappelle que l'écrivain belge Franz Hellens était venu dîner alors qu'il était au régime. Germaine Richier, qui était une de ses amies, nous avait prévenus. Donc, Bernard avait prévu un steak pour lui et, pour nous, un plat de homards « à l'armoricaine » absolument inouï. Franz Hellens a mangé le steak et... les homards !

## *La télévision*

DOMINIQUE ROLIN : Quand je suis arrivée dans cet appartement, en 1959, je n'avais pas la télévision et aucune envie de l'avoir. Mais, poussée par des amis que j'ai perdus de vue, j'ai quand même fini par acheter un poste. Au début, j'ai voulu goulûment m'habituer à ce que c'était et j'ai tout de suite adoré cette espèce de contact direct avec les images quelles qu'elles soient.

Bon, aujourd'hui j'ai horreur de tout ce qui est politique et je ne regarde jamais un journal télévisé, par exemple, sauf exception bien sûr. Les images de la catastrophe du World Trade Center de New York, la terreur en direct, les reportages qui ont suivi, les visages des uns et des autres, je les ai regardés attentivement. Cela m'a brisée... Nous ne revivrons jamais comme avant, nous sommes entrés dans un autre monde. Comment est-il envisageable que personne n'ait été au courant ? Ce n'est pas possible.

Je mets un veto à tout ce qui est téléfilms français que je trouve ennuyeux. Ce qui est merveilleux à la télévision, ce sont les gros plans sur les visages qui nous approchent si près... Et puis, ces ralentis au cours desquels on visionne à nouveau les exploits sportifs qui sont comme de la danse, où la grâce, la violence et la force coexistent.

J'ai une passion pour le sport à la télévision : je ne rate jamais le tournoi de tennis de Roland-Garros, j'ai suivi avec attention la Coupe du monde de football. Je suis pourtant aussi peu sportive que possible, mais ce que j'admire, c'est l'être humain qui s'engage à la fois physiquement, mentalement et moralement. Il faut une telle force en soi pour tenir, parce qu'il y a des matches qui peuvent durer des heures, avec la pression qu'on imagine. Ces types sont des héros. Je suis fascinée par le mouvement, l'audace, la liberté, l'ambition qui les animent... On ne peut pas leur reprocher de gagner trop d'argent, c'est ridicule. Au moment de l'impact d'un championnat, quand ils sont seuls avec eux-mêmes devant l'adversaire à abattre avec juste une raquette en main et la circulation de cette balle, je trouve que cela vaut tous les spectacles du monde. Je me souviens de Sampras, de Borg, de Becker et surtout de McEnroe, le plus grand... On les voit aller vers des triomphes, puis ils vieillissent et ils disparaissent. D'autres se présentent alors avec des manières différentes de jouer...

Au moment de la Coupe du monde de football, j'étais seule à Paris, et j'ai regardé ça avec enthousiasme, puis avec angoisse... Je me disais, est-ce qu'ils vont gagner ou pas? À la fin de ce dernier match en finale, j'ai cru que c'était perdu et je n'ai pas regardé les prolongations. Mais j'avais ouvert mes fenêtres. Comme je n'entendais rien, je me suis dit : ils ont perdu. Et je ne voulais pas qu'ils perdent! Je cherchais en quelque sorte à minimiser l'échec. Au bout d'un quart d'heure à peu près, j'ai entendu une voix d'enfant qui hurlait : « Ils ont gagné ! » et je me suis mise à ma fenêtre. En quelques minutes, les gens sont sortis dans la rue, les voitures klaxonnaient... Ça m'a ravie.

PATRICIA BOYER DE LATOUR : Vous m'avez avoué un jour regarder avec délectation de temps en temps les émissions de variétés...

D.R. : Ça exalte en moi toute ma méchanceté ! Il y a des émissions qui sont d'une telle vulgarité que ça en devient presque beau. L'être y est à nu dans sa médiocrité, il y croit, il est plongé dedans. À cet égard, les émissions du samedi soir sont un sommet ! Je suis prête à neuf heures et je zappe sur toutes les chaînes. Ce qui est magnifique, c'est le rapport entre l'intervieweur et l'interviewé. Il y a ceux qui tiennent le coup — ils participent, se mettent au niveau de celui qui les interroge — et il y a ceux qui résistent et dont on sent qu'ils ont un fond intéressant. Parce que tous ne sont pas bêtes, ce ne sont pas tous des vendus, même s'il y en a beaucoup. Le moindre geste peut être interprété si on regarde bien et ça vous met en plein dans quelque chose qui n'est pas soi, mais qui peut le devenir à partir du moment où on l'exploite littérairement. Dans certaines publicités intelligentes, on devine quelqu'un derrière qui connaît à fond le système. Ce sont alors autant de coups de poing dans la gueule et des documents aussi bien sur le comportement des gens que sur la mécanique de l'âme humaine.

P.B.L. : Vous choisissez de ne pas zapper, vous vous arrêtez sur quoi ?

D.R. : J'aime les grands documentaires sur les musiciens. Je me souviens d'émissions fascinantes sur Karajan, où l'on assistait aux répétitions d'un concert de Bach. C'était passionnant. On entrait dans une espèce de dramaturgie à laquelle on était secrètement lié par la proximité des visages, des gestes... Il y a eu des portraits splendides de Yehudi Menuhin, d'Alfred Brendel...

J'aime beaucoup aussi les documentaires sur les animaux. Il y a une cruauté extraordinaire dans la nature. Alors, quand on voit un tigre guetter sa proie, l'attraper ou la rater, c'est un spectacle prodigieux. Mais comme je ne supporte pas d'assister à la mort d'un animal, même à travers un écran, je zappe !

Ce qui est épatant à la télévision, c'est qu'on peut couper. On était sorti de son œil pour entrer dans l'œil de la télévision, et puis hop ! on rentre dans son propre œil. Parce qu'on perd sa personnalité quand on regarde le poste, on ne pense plus qu'à l'image.

J'ai souvent remarqué que la vérité d'une émotion à la télévision se manifeste à l'insu du réalisateur et de l'acteur, ou simplement de la personne à l'écran... Ce sont des éclairs. On est soi-même à l'affût d'une émotion rare, qu'on attend, mais qui, par définition, est inattendue. Il y a des moments merveilleux à la télévision, on devrait en faire un jour un documentaire. Je me souviens d'une émission de Mireille Dumas sur les redressements fiscaux, où l'on voyait un certain nombre de gens qui expliquaient leurs déboires. C'était ahurissant et très instructif sur les absurdités des rouages en place qui s'emballent sans qu'on puisse y remédier avec un peu de logique.

Toujours dans l'absurde, j'ai adoré *La Caméra cachée* : voir des gens traqués dans leur intimité la plus secrète et la moins explicable... Un jour, il y avait un type qui demandait un steak frites à qui on apportait un ridicule morceau de viande avec trois frites, alors qu'à côté de lui, on servait quelqu'un d'autre copieusement. Et il fallait voir la tête du type qui regardait son voisin... C'était inoubliable ! Line Renaud, que j'aime bien, a été traquée plusieurs fois par une caméra cachée. Un jour, elle a explosé de rire parce qu'elle ne comprenait pas ce qui se passait. Ça révèle beaucoup de choses sur la personne... Vous avez ceux qui prennent ça avec humour et ceux qui se cabrent.

Je me souviens aussi d'une émission avec des enfants qui n'a pas duré longtemps, parce que des gens ont dû être choqués. Elle a sûrement été supprimée. On les amenait dans la salle d'attente d'un cabinet médical où ils restaient seuls, tandis que les mères, qui étaient au courant, entraient chez le faux médecin. Or, sur la table basse, il y avait quantité de bonbons, de petits gâteaux... auxquels on leur avait demandé de ne pas toucher. Et alors, on observait le comportement des différents enfants : les hardis, les peureux, les scrupuleux, les timides... C'était bouleversant !

Dans un autre genre, où l'on sait tout d'avance, et d'abord qui est le meurtrier, j'aime beaucoup la série américaine *Columbo*. C'est toujours la même chose, et pourtant on ne s'en lasse pas ! Peter Falk est de toute façon un acteur de génie. Dans *Une femme sous influence* de John Cassavetes, par exemple, il est impressionnant. Dans *Columbo*, il y a des trouvailles tout à fait réjouissantes. Columbo est marié, mais on ne voit jamais sa femme. Il en parle, et toujours pour se faire passer pour le niais qu'il n'est pas. Et son chien dont le ventre traîne par terre, son imperméable élimé, sa vieille guimbarde...

Les meilleurs films de fiction à mon goût sont anglais. Les acteurs français ne me passionnent pas trop, à quelques exceptions près. Fabrice Luchini par exemple, que j'ai vu dans un film sur Beaumarchais. Mais lui, on le guette à la télévision, en particulier dans des émissions en direct, parce qu'on sait qu'il peut sortir du cadre, et on attend ça avec une certaine jubilation !

P.B.L. : Et les émissions littéraires, vous les regardez ?

D.R. : Assez rarement. Mais lorsque Bernard Pivot a fait quelques émissions autour d'une seule personne, j'ai toujours regardé. Je me souviens d'une émission admirable avec Françoise Dolto, deux heures en tête à tête avec Pivot. Il était très petit garçon devant elle, et elle, elle avait, à soixante-dix-sept ans, cette beauté éclatante, intelligente, vraie... C'était un incroyable moment de télévision ! Avec Le Clézio, l'émission aussi était très réussie : l'homme est sympathique, il s'est toujours refusé à jouer le jeu qu'on attendait de lui à cause de son physique d'acteur de cinéma américain... Il y a eu encore une émission splendide sur Jouhandeau, que j'ai bien connu. On le voyait comme il était dans la vie, plein d'humour, ne se prenant pas pour quelqu'un de grandiose, mais toujours juste dans la perception des êtres et la compréhension de sa propre existence, ce qui n'était pas commode ! Et puis, c'est un grand écrivain et on sentait son intelligence sur le plateau. On ne peut pas mentir à la télévision, tout se voit. Quand Pivot a invité Vittorio Gassman, on pouvait clairement percevoir la magie de l'acteur et l'être magnifique qu'il était, tout se tient.

P.B.L. : Vous êtes souvent passée à la télévision, chez Bernard Pivot, ou ailleurs...

D.R. : Oui, chez Pierre Dumayet, avant Bernard Pivot. Jim m'a vue pour la première fois dans une de ces émissions un soir qu'il dînait, encore étudiant, *Chez Roger la frite*, une gargote où l'on pouvait voir la télévision dans un coin, ce qui était souvent le cas à l'époque. Il se souvenait même des boucles d'oreilles que je portais...

J'ai horreur de me voir à la télévision. On y découvre des vérités sur soi qu'on se cache à soi-même et qu'on est obligé d'enregistrer en tant qu'images. Ce sont des vérités profondes dont le secret est trahi par le fait que tout — les regards, les paroles, les gestes — est inséré dans une mise en scène, un filtrage de la réalité.

Quand je dois passer dans une émission télévisée, la semaine qui précède, je me récite à moi-même ce que je souhaite exprimer, mais ça ne se passe jamais comme ça ! Il faut être soi, c'est la seule loi. Même si l'on sent que le danger menace, on a alors un coup de sang intérieur, et on dit, et on fait ce qu'il faut. Il y a une sorte de joie seconde à être dans la vérité, la sienne. Quelquefois, ça peut mal se passer. Au moment de la sortie des *Flamboyants* de Patrick Grainville, Pivot m'avait demandé, au cours de l'émission et en face de l'auteur, si j'aimais ce livre. Je ne l'aimais pas, je l'ai dit. Nous sortons du plateau et Grainville me lance : « Dominique Rolin, je vous enterrerai ! » (*Rires.*) Je lui ai répondu que c'était parfaitement normal, en ajoutant : « Vous êtes beaucoup plus jeune que moi. » Quelques années après, nous nous croisons au Salon du livre. On s'est regardés, et on est tombés dans les bras l'un de l'autre. « Dominique, m'a-t-il confié, je me suis rongé après vous avoir dit ça. » Je ne lui en voulais pas du tout, c'est un type bien, j'en suis sûre, et puis, il est très sympathique. Mais nous avions commencé par une telle violence... En ce qui me concerne, je n'ai jamais cédé à la haine. Ma meilleure défense, c'est le rire.

## *D'une révélation*

DOMINIQUE ROLIN : Avant une émission de télévision, on se fait du souci parce qu'on voudrait être au maximum de soi-même, et dire exactement ce qu'on désire exprimer comme taire ce qu'on ne veut pas dire. Lui et moi, nous en avions parlé ensemble avant d'accepter de participer à ce fameux *Bouillon de culture* où nous étions invités à parler de *Journal amoureux* pour moi, et pour lui de *Passion fixe*. D'abord, il ne voulait pas y aller. Je trouvais qu'il ne fallait pas se dérober, à cause de nos livres. Il a changé d'avis, et nous avons décidé de nous y rendre. Toute la semaine qui a précédé, avant de m'endormir le soir, j'imaginais des scénarios dans ma tête... Mais quand je me suis retrouvée sur le plateau, je n'ai plus eu aucune crainte. Antoine Gallimard était là, Teresa Cremisi aussi. J'étais tout à fait tranquille, comme si j'avais été dans un endroit ordinaire où l'on allait simplement me poser des questions. J'ai tout de suite eu de la sympathie pour Michel Onfray, je ne voyais plus la caméra...

PATRICIA BOYER DE LATOUR : Quand Bernard Pivot commence à vous parler, dans quel état d'esprit êtes-vous ?

D.R. : Je connais Bernard Pivot depuis trente ans au moins, depuis l'époque où il était courriériste au *Figaro*. Une année, il avait été chargé de réaliser une enquête sur les distractions des écrivains en vacances, sujet classique. Il me téléphone donc un jour, en me disant qu'il passerait par Juan-les-Pins où je séjournais chez Florence Gould, et qu'il aimerait me voir. Nous avons passé une journée ensemble. Lui prétend qu'on s'est rencontrés avant... Quoi qu'il en soit, nous avons déjeuné et dîné ensemble, nous avons parlé. Nous sommes allés écouter un concert de jazz, et c'était magnifique. Il était tout jeune, tout frais émoulu... Il n'a pas changé au fond, il a toujours son côté enthousiaste. Je crois qu'il m'aime bien, et moi aussi je l'aime bien, il le sait.

P.B.L. : Au moment où il annonce sa « révélation », que se passe-t-il en vous ?

D.R. : J'ai senti qu'il voulait me piéger.

P.B.L. : Il aurait pu vous poser la question à laquelle on pouvait s'attendre : qui est Jim ? Vous vous seriez récriée en disant qu'il s'agissait d'un personnage de fiction. Mais il est rusé, il ne vous demande rien du tout. Il veut « son » moment de télévision, et il sait qu'il le tient. « L'homme que vous aimez depuis quarante ans, c'est Jim... » Il ralentissait... « Et Jim est à côté de vous, c'est Philippe Sollers. »

D.R. : Et je me suis laissé faire ?

P.B.L. : Vous vous défendez d'abord en disant : « Quel piège ! quel piège ! »

D.R. : Quelqu'un m'a dit : « Vous auriez vu la tête que vous aviez ! » Étais-je si troublée ? J'ai tout oublié.

P.B.L. : Vous étiez interloquée. Pensant peut-être au fond de vous : « Quand même, il a osé... » D'un certain point de vue, c'était de sa part un manque de tact absolu. Il aurait pu respecter votre secret et se dire surtout qu'il risquait de blesser d'autres personnes. Mais il n'en tient pas compte, parce qu'on est à la télévision, dans un monde agressif où l'on veut du spectacle et des scoops. Enfin, il est journaliste, je peux comprendre... Il avait Sollers sous les yeux, avec toutes les caméras braquées sur lui à côté de vous, on le voyait de profil. L'occasion ne se représenterait pas de sitôt, elle était même unique. Et l'idée de pouvoir déstabiliser Sollers ne se refuse pas ! Avec un peu de sadisme, c'est même jubilatoire. D'autant que vous vous êtes mis vous-mêmes « dans la gueule du loup », donc vous l'avez bien cherché ! Alors, comment résister ?

D.R. : Oui, mais enfin, cette histoire, tout le monde la connaît.

P.B.L. : Le monde des lettres la connaît, pas le grand public. Et puis, la télévision, c'est quand même une incroyable caisse de résonance. Allait-il dévoiler votre vie privée en direct ? Tous ces voyeurs derrière leur poste, ceux qui savaient, devaient bien attendre ça d'une façon un peu perverse et guetter les réactions...

D.R. : Je me souviens seulement qu'il m'a dit : « Allez, Dominique, regardez-moi dans les yeux ! » et ça, c'était drôle.

P.B.L. : Passé ce moment, vous êtes comme libérée d'un poids. Il l'a dit, c'est dit. Bon, on ne va pas en faire toute une histoire, c'est l'impression que j'ai eue... Vous êtes alors complètement vous-même, présente comme vous l'êtes dans la vie, avec ce mélange de vivacité et de profondeur qui vous appartient. Le lendemain et les jours qui ont suivi, tous les journaux en ont parlé.

D.R. : Vous savez que je suis un best-seller, c'est la première fois que ça m'arrive. (*Rires.*) C'est grâce à Sollers, évidemment...

P.B.L. : Sollers, oui bien sûr, son existence intrigue les uns, fascine les autres, qu'ils l'avouent ou s'en défendent d'ailleurs... et vous faites partie de son univers. Mais il y a aussi l'énigme que vous représentez : un amour qui traverse le temps. Et les gens vous ont vue à la télévision... Cette femme est intelligente, elle est belle, elle rit. Comment est-ce possible ? À son âge... Qu'y a-t-il à comprendre ? Dans cette vie où les êtres sont jetables, remplaçables, vous êtes une femme non seulement aimée, mais un écrivain qui écrit au présent sur un autre écrivain extrêmement connu et si proche de vous...

D.R. : Et qui a parlé après moi avec une sorte de spontanéité réfléchie, qui le mettait dans une sphère d'introspection calme, de pondération... Il y a des gens qui ratent leur intervention parce qu'ils n'y sont pas au moment où il faut y être. C'est très imprévisible, ce qui se passe au cours des émissions. Sur un plateau, on est dans un monde clos, tout peut arriver et tout dépend de soi. Vous pouvez donner une direction ou une autre, impulser ce que vous avez en vous pleinement, mais il faut être bien là, et pas ailleurs. Le reste vient après... En ce qui me concerne, je ne suis pas tellement maligne ! Je ne fais pas de circonvolutions, je suis quelqu'un d'assez brutal, alors je dis ce que j'ai à dire. Chaque fois, il faut affronter un nouveau visage et une autre tactique d'approche. En général, je revois avec plaisir les journalistes que je connais déjà. Tout de suite, on retrouve ses marques. Mais c'est aussi une aventure différente, un autre livre, un moment spécifique. Ça ne m'effraie pas du tout, j'ai mon petit discours préparé ! Si on le conteste, je re-conteste ! (*Rires.*) Je suis têtue, et, en même temps, j'essaie d'être bienveillante, parce que c'est un travail dur tout de même d'interviewer quelqu'un...

Après Bernard Pivot, j'ai eu un entretien délicieux à la radio avec Daniel Schick, qui est drôle et pas du tout indiscret. Il n'a pas voulu insister, il est resté dans la légèreté : « Lui... le livre... la narratrice et l'homme aimé... » Il a été très étonné par cette question que j'aime poser : « Êtes-vous heureux ? » Mais c'est une question essentielle... Tout peut rendre heureux. Vous avez des gens qui réduisent la possibilité d'un état de bonheur à un certain nombre de choses très précises, alors que tout est jouissance dans la vie, tout peut devenir en tout cas prétexte à jouissance. À chaque moment de bonheur, on s'accomplit soi-même ; on s'aide, on se permet d'être soi, et c'est ça qui est magnifique. J'ai constamment des sources de bonheur en réserve. Faire mon lit par exemple, eh bien ! pour moi, c'est un bonheur. Je n'ai jamais accepté que personne d'autre le fasse. C'est une besogne extraordinaire, comme une page d'écriture qui vous est toute donnée.

P.B.L. : Comment vivez-vous cette médiatisation ?

D.R. : Je n'ai qu'une seule envie : retourner dans ma tanière et commencer un nouveau livre. La concentration que demande l'entame d'un livre est inouï. J'y ai pensé depuis un an, j'ai écrit plusieurs commencements, que j'ai tous mis au panier; mais, maintenant, je sens que je vais pouvoir m'y mettre si je ne suis plus distraite et si je rentre en moi-même.

De toute façon, j'écris tout le temps, même si je n'écris pas. Quand je longe une rue et aussi dans tout ce maelström médiatique, j'écris. Je ne m'interromps jamais, ce n'est pas possible. Ça suscite quelquefois des réactions d'inquiétude, je le sens bien dans le regard de certaines personnes qui se disent : « Mais qu'est-ce qu'elle pense vraiment? Qu'est-ce qu'elle se dit à elle-même, pendant que nous conversons? » Tant pis! J'ai besoin d'être moi, c'est profondément ancré. Et ce n'est pas par amour de moi-même, au contraire. Il s'agit d'une question d'équilibre intime. En ce moment, je n'écris pas ma page par jour; je prends des notes lorsque je peux, si je ne suis pas trop fatiguée.

Quand je sors dans mon quartier, on me reconnaît. Dans l'épicerie qui se trouve au coin de ma rue, une petite caissière exquise m'a vue chez Pivot. Elle est restée d'une grande discrétion, et puis elle s'est penchée vers moi en me disant dans le creux de l'oreille : « Madame Rolin, je vous ai vue à la télévision. » On peut avoir l'orgueil de ça...

## *L'amour*

DOMINIQUE ROLIN : Quand on regarde autour de soi, on est tenté de se dire que rencontrer un être qui vous soit complémentaire, avec lequel on puisse centrer toutes ses ambitions intérieures et sa joie de vivre... c'est rare. Une entente, c'est presque indescriptible et pourtant ça doit préexister. J'ai toujours voulu ça, même au temps de mes premières expériences.

L'amour est d'abord une écoute de l'autre. Tout se passe comme si on était plus développé sur le plan auditif que sur tout le reste. Il y a là une sorte de secret inexplicable. On ne peut pas mettre de mots là-dessus, parce que personne ne comprendrait ce que cela signifie en réalité. Mais, à la base, il doit y avoir cela. Exactement comme s'il s'agissait d'une partition musicale où il faut arriver à joindre deux courants d'écoute et d'entente, c'est-à-dire le silence. Il n'y a pas d'amour sans silence.

Mes premières rencontres avec les garçons de mon âge ont très vite basculé dans le rien. Je n'ai jamais insisté. À mon époque, il y avait toujours l'éventualité d'un futur mariage possible... Ce n'est plus du tout le cas aujourd'hui. J'ai donc connu des amourettes qui me rendaient malheureuse. Quand elles se terminaient, j'en souffrais quinze jours. J'ai constamment trouvé en moi un renouvellement de ce désir de rencontrer un double de moi-même qui soit un homme. Quand j'ai rencontré Bernard, il y a eu cela.

P.B.L. : Dans votre histoire avec votre premier mari, il y avait quand même du désastre.

D.R. : Oui, et j'étais attirée fatalement. Il incarnait physiquement le visage symbolique de tout ce que j'avais lu jusqu'alors et aimé à la folie : ce côté noir de la vie, un peu inquiétant. Il aurait été un vampire très acceptable dans un film de Dreyer. Le fait que je sois née dans un pays du Nord un peu magique a joué dans cette espèce de coup de foudre enfantin. Après l'avoir quitté, je n'ai plus jamais cherché à le revoir. Même au moment où il a été hospitalisé mourant, détruit par l'alcool... C'était fini pour moi, tandis qu'il a passé sa vie entière à essayer de me retrouver.

J'ai tout de suite su, quand un flirt plaisant et même attirant se présentait, que ce n'était pas ça. Je me disais : « Tu vas te casser la figure, ce n'est pas ça. » Et pourtant, je me lançais quand même !

P.B.L. : À quoi attribuez-vous cette façon de ne pas vous raconter d'histoires ?

D.R. : J'étais déjà romancière sans le savoir.

P.B.L. : Il y a des écrivains qui vont vers le malheur...

D.R. : J'ai refusé le malheur d'instinct, comme si j'étais pré-écrite moi-même. Toute ma charge d'observation et de désir de contact avec l'autre étaient inscrits d'avance dans ma vie, cela m'a préservée. J'ai vu ma mère, sorte de vierge éternelle, pudique, dévorée par la passion maternelle. Je ne suis pas sûre qu'elle ait aimé mon père au point d'essayer de le comprendre. Il était extraordinairement attaché à sa mère, et maman n'était pas capable de lui apporter autre chose qu'un sentiment maternel. J'ai senti à quatorze ans, au moment où le drame familial a éclaté, que je n'étais pas faite pour être malheureuse comme l'étaient mes parents... Ça a été un contre-exemple. Tout mon futur de romancière s'est tissé là. J'ai regardé en spectatrice ce que pouvait être la catastrophe d'un amour qui rate.

Puis, maman m'a tellement empêchée de rencontrer des garçons que j'étais une petite innocente chargée de tout ce que je serais plus tard, mais incapable d'aller dans la bonne direction pour trouver le bonheur, et surtout pas initiée, pas initiée du tout. Pourtant, j'ai toujours eu une sorte de lucidité de base. J'allais vers mes expériences désastreuses en toute connaissance de cause ! Presque instinctivement, je fonçais dans la mauvaise direction. Je n'ai jamais refusé la moindre aventure, fût-elle négative. Elle pouvait me rapprocher de ce qu'il me fallait atteindre, quitte à ce que je me trompe en devinant les choses... Alors, mes expériences étaient gentiment cafouilleuses, mes petits chagrins d'amour ne duraient pas. Je me retrouvais un matin, lisse, prête à repartir. Si j'avais échoué, c'est que je n'étais pas allée au bout de ce que je voulais devenir, voilà ! J'avais une confiance aveugle dans un double de moi-même qui pressentait que tout cela finirait par s'arranger. J'étais assez courtisée, pas mal de garçons tournaient autour de moi, mais aucun — à part le plus fou d'entre eux, Hubert — n'a cherché à faire sa vie avec moi.

Peut-être ai-je trop de caractère. Cela ne m'inquiétait

pas du tout, je marchais en avant de moi-même, et suivais cette fille un peu naïve que j'étais encore. Le modèle maternel, même inquiétant, même négatif, ce qui était le cas, est une base. C'était la mienne, en tout cas. Mes flirts la contrariaient, ma rencontre avec Hubert a été un drame. Quand je me suis retrouvée enceinte, il a fallu se marier en trois mois comme de dignes petits-bourgeois. Pour moi, c'était épouvantable. Mais j'ai toujours trouvé qu'il ne faut rien refuser dans la vie. Toutes les expériences sont intéressantes...

P.B.L. : Elles auraient pu vous détruire...

D.R. : Ah non ! Je ne suis pas faite pour être détruite ! (*Rires.*) Non, ça je l'ai su dès le début. Avant de rencontrer Hubert, j'ai été amoureuse d'un jeune homme très beau, très libre, peintre et marin. Il n'a jamais été question de coucher avec lui, mais je le voyais dans les fêtes habituelles de la jeunesse et nous nous entendions très bien. Ce garçon allait un peu de fille en fille, et, un jour, une petite jeune femme me l'a chipé. Ç'a été fini, je ne l'ai jamais revu. Il y a quelques années, j'ai fait la connaissance d'un vieil homme de quatre-vingt-quatorze ans, qui était l'ami de ce garçon. Et il m'a raconté son histoire. Jean-Marie était mort dix ans plus tôt d'un cancer, il avait eu une existence assez aventureuse, s'était marié deux fois. Au moment de mourir, il avait éprouvé le besoin de raconter notre petite anecdote amoureuse à son ami et il s'était mis à pleurer, comme s'il avait tout à coup découvert que sa vie avait, à un moment donné, manqué d'intuition... Après cet épisode de jeunesse, j'ai rencontré Hubert.

P.B.L. : Un cataclysme dans la famille Rolin...

D.R. : Ma mère appartenait au XIXe siècle. C'était une sorte d'ogresse pour qui j'avais « traîné le nom des Rolin dans la boue ! » comme elle disait de manière théâtrale, au moment où elle a su que j'étais enceinte. Pour elle, il était impensable que je ne me marie pas. Elle nous répétait souvent, à nous, ses trois enfants, qu'elle nous avait sacrifié toute sa vie. Et je lui répondais : « Mais on ne t'a rien demandé ! » (*Rires.*) Au fond, c'était un être adorable qui s'était laissé avaler par les principes omniprésents à l'époque. Et moi, il se trouve que j'étais attirée par des garçons plutôt libres... Hubert aussi était libre à sa manière, il voulait écrire, mais il était alcoolique... Je l'ai vraiment tué, lui, à petit feu. Il m'adorait, mais mal. Et je ne l'aimais pas assez pour accepter de travailler huit heures par jour pendant que lui ne faisait strictement rien, sauf boire. Je n'ai jamais eu le goût du sacrifice. (*Rires.*) Je suis partie, je savais que c'était cela qu'il fallait faire. Il y a des femmes qui se laissent embarquer dans des histoires sans issue où elles sentent bien qu'elles vont plonger dans la négation d'elles-mêmes. Elles s'accrochent, mais en réalité elles aiment la destruction et le malheur. Je n'ai jamais pu faire la grimace du désespoir, j'ai toujours été flambante ! (*Rires.*)

Dès mon arrivée à Paris, j'étais sauvée. J'avais rencontré Robert Denoël, qui avait décidé de publier *Les marais* sans me connaître, avant que je ne vive avec lui ma première jolie histoire d'amour. Puis, il m'a quittée. Je me suis consolée avec quelques amants de passage. Et, le 13 novembre 1946, je tombe sur cet être lumineux qu'était Bernard, tout à fait hors normes. Tout était beau en lui.

P.B.L. : Un coup de foudre réciproque ?

D.R. : Oui, il séduisait tout le monde. Il m'avait prévenue : « Je ne peux pas rencontrer une femme entre seize et soixante ans sans faire ce qu'il faut pour l'avoir. » Je savais donc à quoi m'en tenir ! (*Rires.*) Mais ce qui est très curieux, c'est que pendant les dix ans où nous avons vécu ensemble, il n'a pas regardé une autre femme ; ni moi, un seul homme. Il faut dire que les hommes n'auraient jamais osé s'approcher de ce gaillard aux bras puissants qui les aurait étranglés. J'étais parfaitement bien avec lui, mais parfaitement angoissée à l'idée que nous ne sortirions jamais de notre pauvreté. Dans le jargon des sculpteurs, il disait que, de même que le plâtre refuse certaines sujétions, l'argent refusait son corps. Il ne parvenait pas à se défendre et il restait un artiste à part entière. Nous avons donc vécu pauvres, mais royalement heureux !

Quand j'ai rencontré Jim presque deux ans plus tard, à la fin du mois de septembre 1958, j'ai su que tout ce qui était juste, beau, profitable pour moi était compris dans ce garçon. Et je ne me suis pas trompée.

P.B.L. : Mais vous n'avez pas eu peur au début ?

D.R. : Bien sûr que j'ai eu peur. Peur d'être abandonnée d'abord, parce que j'ai toujours eu peur de l'abandon... Il était si jeune, je me disais que ce n'était pas possible. Et pourtant, j'ai tout de suite senti que c'était un être exceptionnel, et celui qu'il me fallait rencontrer malgré les apparents obstacles de la différence d'âge. En plus de quarante ans, je n'ai jamais eu le sentiment d'avoir été abandonnée. Même quand il n'est pas là, il est toujours là.

P.B.L. : On peut comprendre deux ans de passion. Mais qu'est-ce qui, dans l'amour, peut durer, ne pas se diluer dans le rien ?

D.R. : J'ai vu à la télévision un documentaire sur les couples qui durent... Ils doivent s'aimer beaucoup, mais ce n'était pas beau à voir. Or, je crois qu'un amour réussi doit être joli éternellement. Et quand je dis « joli », je charge ce mot de toute sa gravité. Ça doit être beau, et ils n'étaient pas jolis à regarder. Une des femmes avait l'air d'une sorcière attentive qui coupait constamment la parole à son compagnon.

Si intime soit-on, il faut laisser à l'autre son entière liberté. Et avec Jim, ça n'a pas fait un pli ! Nous n'avons jamais parlé de ce qui pouvait nous être contraire. Il savait que nous étions faits l'un pour l'autre et que personne ne pourrait nous empêcher d'être ce que nous sommes. Ce libertin est un homme profondément fidèle. À lui-même, aux êtres qu'il aime et à son travail.

J'ai eu le sentiment que c'était Bernard qui m'envoyait Jim, comme je le raconte dans *Journal amoureux*. J'ai choqué beaucoup de gens à cette époque. Je voyais bien dans leurs regards ce qu'ils pensaient : « Il y a deux ans que son mari est mort, et la voilà qui s'en va vers un nouveau destin. » Mais je n'ai rien oublié. J'ai tout gardé, rien renié. En fait, il nous a sculptés en sorte que la vie s'est poursuivie autrement. Si je n'avais pas rencontré Jim, je me serais effondrée.

P.B.L. : « Écrire, c'est aimer. Écrire, c'est être aimé », écrivez-vous. Pourquoi écrivez-vous ?

D.R. : *Parce que.* Ma rencontre avec Jim a complètement transformé mon écriture. Écrire et tenir le coup, c'est se laisser secouer sismiquement par tous les événements extérieurs et toutes les évolutions intérieures qui en sont la conséquence. Il faut l'exercice d'un talent cru, le sens du rêve... La musique est entrée dans ma vie, et Venise est devenue notre lieu d'élection. Nous sommes absolument ensemble, et chacun seul dans le livre en cours. C'est là où la question de l'entente est poussée à un point inouï, jusque dans le silence... C'est un miracle qui s'est proposé à nous d'abord, et qui nous a conduits ensuite dans le juste sens.

P.B.L. : La vie sans l'amour de Jim, c'est impossible pour vous ?

D.R. : Ça me paraît impossible.

P.B.L. : Au fond, il a pris la place de Dieu dans votre vie...

D.R. : On peut le voir comme ça, c'est une divinité. Il est d'ailleurs haï par beaucoup, et comme il est d'une solidité de marbre, il est jalousé. Mais, il n'y a rien à faire, il domine !

P.B.L. : Dans *Portrait du joueur*, de Sollers, le narrateur évoque la période de la guerre d'Algérie et son refus radical de faire son service militaire. Il y a une femme en manteau de fourrure, Ingrid, qui vient le voir dans une sorte d'hôpital psychiatrique où on lui fait subir des tests. On pense à vous, naturellement. Elle lui dit : « Il faut faire attention à la vie », et on a le sentiment que vous l'avez sorti d'un gouffre.

D.R. : Je crois que c'est là que tout s'est joué. Il a traversé une période atroce, il a été très malade. J'étais là, j'ai été là ; comme lui a toujours été là pour moi. Cela semble idiot de dire ça d'un amour partagé : que l'un et l'autre sont là l'un pour l'autre. Mais ils sont là au bon moment, comme si aucune catastrophe ne pouvait les séparer. Sinon, la séparation, rien n'est plus simple ! Le nombre de couples qui se défont sans drame d'ailleurs, et sans donner d'explications...

P.B.L. : Pensez-vous, comme lui, que si l'amour ne dure pas, ce n'est pas de l'amour ?

D.R. : Naturellement. Il faut que la vie reste mouvante. Chacun est le roi de toutes les situations imaginables. Certains parient pour le désespoir, le suicide, l'accès à des aventures sans issue, la négation de soi. Or, un véritable amour ne peut exister que dans l'optique d'une réussite intérieure réciproque. Pas d'obstacles, la liberté reste souveraine.

P.B.L. : « Il a calmé mon hystérie », m'avez-vous dit un jour à son sujet, en précisant qu'au début de votre rencontre, vous étiez jalouse. « Il était déjà très libre avec les femmes » et il se retournait sur elles avec un regard qui vous effrayait ; vous l'avez d'ailleurs écrit.

D.R. : Oui, mais j'ai vite compris que mon attitude était idiote. J'ai mûri, tout de même. (*Sourire.*) Dans cette histoire, malgré la différence d'âge et le fait que c'était moi qui devais avoir le maximum d'expériences, c'était lui qui avait raison. De sorte que ça n'a posé aucun problème, sauf les premières années, où je continuais à entretenir cet amour avec les drames confortables de la jalousie. Au fond, c'est très confortable, la jalousie. On s'y repose comme sur un coussin, on s'y vautre ! Il faudrait savoir dépasser tout ça... C'est difficile, bien sûr. Il ne faut pas le nier. La jalousie mène le monde, elle est à la base. Chacun a sa petite capacité de jalousie personnelle, et on en fait ce qu'il faut ou ce qu'il ne faut pas. D'où tant de ruptures, de doutes, de désespoir.

P.B.L. : Alors, il était jaloux de vous ?

D.R. : Oui, mais, comment dire, avec une expérience d'homme mûr... Dès le départ, il avait cette expérience d'homme mûr. On le sent d'ailleurs dans *Une curieuse solitude.* Ce garçon qui commence à quinze ans à vivre une aventure avec une femme de trente ans, ce n'est pas banal, et il ne l'a pas vécue vulgairement. Il a beaucoup souffert qu'elle soit partie, mais ça l'a formé et étrangement mûri jusque dans son travail d'écrivain. Vivre n'est simple pour personne, mais c'est une matière tellement belle qu'il faut faire le maximum pour la rendre exceptionnelle. Il faut parier pour la musique !

P.B.L. : En dépit de tout ?

D.R. : Bien sûr. « C'est un libertin ! » me dit-on. Et alors ? C'est un écrivain. Lui, il-veut-être-libre. Il ne veut pas être emmerdé par les femmes. (*Rires.*) Parce qu'il peut l'être, mais pas par moi, jamais. Il sait créer du bonheur autour de lui, avec un refus de tous les a priori. Un romancier doit se nourrir du maximum de ce que la vie lui offre, et la vie donne beaucoup... Il est heureux quand il vient ici et je suis heureuse. Tous les moments d'un amour partagé sont capitaux et lapidaires.

Cela demande beaucoup de temps de rester fidèle à un grand amour. Du temps, de la patience et de la concentration pour mieux rejoindre l'autre par l'intérieur de la réflexion sans jamais faire la moindre concession... Il y a des personnes qui passent leur vie à se sacrifier. Ils vivent ensemble et ils acceptent tout : les sorties ensemble, les invitations ensemble, les achats ensemble, les disputes ensemble, les rancœurs, les regrets et enfin toute cette petite dramaturgie d'intimité abominable. On appelle ça la fidélité ! Mais c'est effrayant, c'est la trahison suprême. La vraie fidélité, c'est tout autre chose. Ai-je l'air d'une femme résignée ?

*Œuvres de Dominique Rolin (suite)*

L'ENRAGÉ, *Ramsay, 1978.*

L'INFINI CHEZ SOI, *Denoël, 1980.*

LE GÂTEAU DES MORTS, *Denoël, 1982.*

LA VOYAGEUSE, *Denoël, 1984.*

L'ENFANT-ROI, *Denoël, 1986.*

BRUGES LA VIVE, récit, *Ramsay de Cortanze, 1990.*

UN CONVOI D'OR DANS LE VACARME DU TEMPS, *essai, Ramsay de Cortanze, 1991.*

LES GÉRANIUMS, *nouvelles, La Différence, 1993.*

*Composition CMB Graphic.*
*Reproduit et achevé d'imprimer*
*sur Roto-Page*
*par l'Imprimerie Floch*
*à Mayenne, le 13 décembre 2001.*
*Dépôt légal : décembre 2001.*
*Numéro d'imprimeur : 53111.*
ISBN 2-07-076458-3 / Imprimé en France.

8682